JN348123

초판 1쇄 인쇄 2025년 5월 20일
초판 1쇄 발행 2025년 6월 5일

발행인 심정섭
편집인 안예남
편집팀장 이주희
편집 서보경
제작 정승헌
브랜드마케팅 김지선
출판마케팅 홍성현, 신재철
디자인 design S

인쇄처 에스엠그린
발행처 ㈜서울문화사
등록일 1988년 2월 16일
등록번호 제2-484
주소 서울시 용산구 새창로 221-19
전화 02-799-9184(편집) | 02-791-0752(출판마케팅)

ISBN 979-11-7371-035-3
ISBN 979-11-6923-358-3 (세트)

ⓒ SAMG. All rights reserved.

※ 본 제품은 ㈜에스에이엠지엔터테인먼트와 상품화 계약에 의거 제작, 생산, 판매되므로 무단 복제시에는 법의 처벌을 받습니다.
※ 잘못된 제품은 구입처에서 교환해 드립니다.

캐릭터 소개

안나

해안가 마을에 사는 11세 소녀.
하늘에서 떨어진 아이냥을 구해 주며
아이냥의 파트너로 선택되어요.
이후에 소원을 들어주는 힘을 지닌
위시캣 견습을 돕게 되지요.

주인공 위시캣
아이냥

★ **소품** : 꼬리찌
★ **주요 대사** : "빙~글, 빙글빙글!
　　　　　　　오늘의 위시캣 나와랏!"
★ **마법 구호** : 야옹야옹 아이냥!
★ **마법** : 위시캣을 소환하는 마법

・아이돌 위시캣・
코코냥

- ★ 소품 : 보석 마이크
- ★ 주요 대사 : "자, 모두 즐길 준비 됐나요?"
- ★ 마법 구호 : 야옹야옹 코코냥!
- ★ 마법 : 스타로 만들어 주는 마법

・박사 위시캣・
똑똑냥

- ★ 소품 : 백팩, 안경
- ★ 주요 대사 : "100퍼센트 틀림없습니다!"
- ★ 마법 구호 : 야옹야옹 똑똑냥!
- ★ 마법 : 머리를 좋아지게 하는 마법

・스페셜 위시캣・
이쁘냥

- ★ 소품 : 손거울
- ★ 주요 대사 : "샤랄라라! 큐트하게 예뻐져어라~."
- ★ 마법 구호 : 야옹야옹 이쁘냥!
- ★ 마법 : 예뻐지게 하는 마법

・스페셜 여왕 위시캣・
도도냥

- ★ 소품 : 티아라, 망토, 마술봉
- ★ 주요 대사 : "프린세스가 되어라~."
- ★ 마법 구호 : 야옹야옹 도도냥!
- ★ 마법 : 프린세스로 만들어 주는 마법

・스페셜 위시캣・
러브냥

- ★ 소품 : 고급 방석, 하트봉
- ★ 주요 대사 : "너의 하트를 겨냥해 러브러브 야옹~."
- ★ 마법 구호 : 야옹야옹 러브냥!
- ★ 마법 : 상대를 좋아하게 만드는 마법

- ⭐ 소품 : 라켓, 공
- ⭐ 주요 대사 : "꼭 이길거양, 냥! 빠샤!"
- ⭐ 마법 구호 : 야옹야옹 헬씨냥!
- ⭐ 마법 : 운동을 잘하게 하는 마법

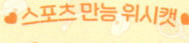

- ⭐ 소품 : 카메라, 카메라봉
- ⭐ 주요 대사 : "어떻쥐이~?! 잘 찍혔쥐이~!"
- ⭐ 마법 구호 : 야옹야옹 빠삐냥!
- ⭐ 마법 : 사진 잘 찍게 하는 마법

- ⭐ 소품 : 우쿨렐레
- ⭐ 주요 대사 : "알~로~하~냐~앙~ 느긋하게 재촉하지 말꼬오오오~."
- ⭐ 마법 구호 : 야옹야옹 알로하냥!
- ⭐ 마법 : 긴장하지 않고 낙천적인 마음을 갖게 하는 마법

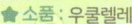
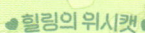
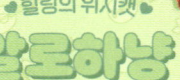

- ⭐ 소품 : 딸기 컵케이크
- ⭐ 주요 대사 : "달달한 맛을 내기란, 쉬운 게 아냐~ 달달함을 어설프게 보지마옹~."
- ⭐ 마법 구호 : 야옹야옹 달달냥!
- ⭐ 마법 : 디저트를 만드는 마법

- ⭐ 소품 : 라떼아트 틀
- ⭐ 주요 대사 : "어서와, 멋진 카페 타임으로 초대할게~."
- ⭐ 마법 구호 : 야옹야옹 라떼냥!
- ⭐ 마법 : 라떼아트를 아름답게 데커레이션 하는 마법

● 귀족 위시캣
우아냥

★ 소품 : 쌍안경, 오픈카
★ 주요 대사 : "우훗, 고양이 귀족의 품격을 보여 드리지요."
★ 마법 구호 : 야옹야옹 우아냥!
★ 마법 : 셀럽으로 만들어 주는 마법

★ 소품 : 헤어브러쉬
★ 주요 대사 : "헤어스타일이라면 맡겨 줘! 헤어~엇!"
★ 마법 구호 : 야옹야옹 샴푸냥!
★ 마법 : 헤어스타일을 바꿔 주는 마법

● 미용의 위시캣
샴푸냥

● 비행 능력의 위시캣
난다냥

★ 소품 : 타케콥터 달린 헬멧
★ 주요 대사 : "3, 2, 냐옹! 테이크오프!"
★ 마법 구호 : 야옹야옹 난다냥!
★ 마법 : 하늘을 날게 하는 마법

★ 소품 : 트렁크
★ 주요 대사 : "두근두근 여행으로 안내~ 내옹(냐옹)~."
★ 마법 구호 : 야옹야옹 나비냥!
★ 마법 : 여행을 하게 해 주는 마법

● 여행가 위시캣
나비냥

● 패셔니스타 위시캣
꾸미냥

★ 소품 : 토르소, 줄자
★ 주요 대사 : "보였어요, 당신에게 딱 맞는 패션!"
★ 마법 구호 : 야옹야옹 꾸미냥!
★ 마법 : 기발한 복장을 만들어 주는 마법

● 날씨의 위시캣 ● **쨍쨍냥**
- ★ 소품 : 구름
- ★ 주요 대사 : "날씨는 매일 바껴~ 야옹~."
- ★ 마법 구호 : 야옹야옹 쨍쨍냥!
- ★ 마법 : 원하는 날씨로 바꿔 주는 마법

- ★ 소품 : 캔버스, 붓
- ★ 주요 대사 : "신나게 그림 그려방~ 야옹~."
- ★ 마법 구호 : 야옹야옹 아트냥!
- ★ 마법 : 그림을 잘 그리게 해 주는 마법

● 화가 위시캣 ● **아트냥**

● 의사 위시캣 ● **닥터냥**
- ★ 소품 : 청진기 목걸이, 의료가방
- ★ 주요 대사 : "아야아야한 거 다~ 사라져라 야옹~."
- ★ 마법 구호 : 야옹야옹 닥터냥!
- ★ 마법 : 치료해 주는 마법

- ★ 소품 : 유모차, 젖병
- ★ 주요 대사 : "바브바브~ 야옹~."
- ★ 마법 구호 : 야옹야옹 베베냥!
- ★ 마법 : 잠시 동안 힘든 일을 잊게 만드는 마법

● 아기 위시캣 ● **베베냥**

이 책의 구성

★본문 구성★

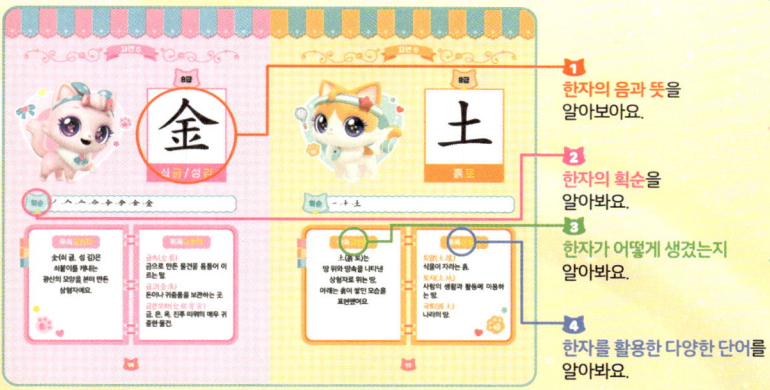

1. 한자의 음과 뜻을 알아봐요.
2. 한자의 획순을 알아봐요.
3. 한자가 어떻게 생겼는지 알아봐요.
4. 한자를 활용한 다양한 단어를 알아봐요.

★부록 구성★

냥냥 사자성어
주제에 맞는 다양한 사자성어를 알아봐요.

야옹야옹 놀이터
재미있는 두뇌 계발 놀이가 있어요.

자연 1

8급

메 산

획순 丨 → 凵 → 山

쏙쏙 표현력

山(메 산)은
솟은 산 모양을 본떠
만든 *상형자로
높은 산봉우리를
표현했어요.

*상형자 : 사물의 모양을 그림처럼 본뜬 글자.

똑똑 어휘력

산수(山水)
산산과 물이라는 뜻으로, 경치를 이르는 말.

산림(山林)
산과 숲, 또는 산에 있는 숲.

등산(登山)
산에 오르는 활동.

자연 2

8급

火

불 화

획순 丶 → 丶丶 → 丷 → 火

쏙쏙 표현력

火(불 화)는 타오르는 불꽃 모양을 본떠 만든 상형자로 가운데 불씨에서 위로 불길이 번지는 모습을 표현했어요.

똑똑 어휘력

화재(火災)
불이 나는 재앙. 또는 불로 인한 재난.

화산(火山)
마그마가 지표면을 뚫고 나와 용암 등이 쌓여 만들어진 산.

화로(火爐)
숯불을 담아 놓는 그릇.

자연 3

8급

水

물 수

획순] → 才 → 水 → 水

쑥쑥 표현력

水(물 수)는
가운데 큰 물줄기와
양옆 작은 물길을 나타낸
상형자예요.

똑똑 어휘력

수영(水泳)
스포츠나 놀이로서 물속을 헤엄치는 일.

수도(水道)
뱃길 또는 물길.

수면(水面)
물의 겉면.

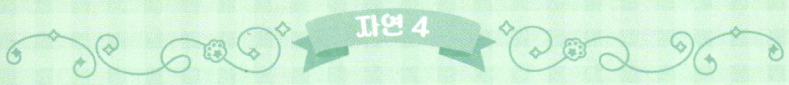

자연 4

8급

나무 목

획순 一 → 十 → 才 → 木

쑥쑥 표현력

木(나무 목)은 뿌리, 줄기, 가지가 있는 나무의 모양을 본떠 만든 상형자예요.

똑똑 어휘력

목재(木材)
건축이나 가구 따위에 쓰는, 나무로 된 재료.

목수(木手)
나무를 깎고 다듬어 물건을 만드는 사람.

수목(水木)
물과 나무.

자연 5

8급

쇠 금 / 성 김

획순 ノ 人 ト 仐 全 全 余 金

쑥쑥 표현력

金(쇠 금 / 성 김)은 쇠붙이를 캐내는 광산의 모양을 본떠 만든 상형자예요.

똑똑 어휘력

금속(金屬)
금으로 만든 물건을 통틀어 이르는 말.

금고(金庫)
돈이나 귀중품을 보관하는 곳.

금은보화(金銀寶貨)
금, 은, 옥, 진주 따위의 매우 귀중한 물건.

자연 6

8급

흙 토

획순 一 → 十 → 土

쑥쑥 표현력

土(흙 토)는
땅 위와 땅속을 나타낸
상형자로 위는 땅,
아래는 흙이 쌓인 모습을
표현했어요.

똑똑 어휘력

토양(土壤)
식물이 자라는 흙.

토지(土地)
사람의 생활과 활동에 이용하는 땅.

국토(國土)
나라의 땅.

자연 7

7급

天

하늘 천

획순 一 → 二 → 千 → 天

쏙쏙 표현력

天(하늘 천)은
大(큰 대)와 一(한 일)이
합쳐진 *회의자로,
사람의 머리 위 하늘을
표현했어요.

*회의자 : 두 글자의 뜻을 합쳐 만든 글자.

똑똑 어휘력

천장(天障)
지붕의 안쪽.
천기(天氣)
하늘에 나타난 조짐. 비, 구름, 기온 따위가 나타나는 기상 상태.
천성(天性)
본래 타고난 성격이나 성품.

자연 8

7급

地

땅 지

획순 一 → 十 → 土 → 𠂇 → 坩 → 地

쑥쑥 표현력

地(땅 지)는
土(흙 토)와 也(어조사 야)가
합쳐진 회의자로,
흙과 물이 있는 땅을
표현했어요.

똑똑 어휘력

지구(地球)
태양에서 셋째로 가까운 행성.
우리가 살고 있는 둥근 땅.

지도(地圖)
지구 표면의 상태를 일정한 비율로 줄여, 이를 약속된 기호로 평면에 나타낸 그림.

지진(地震)
땅이 흔들리는 일.

자연 9

7급

川

내 천

획순 ノ → 丿丨 → 川

쑥쑥 표현력

川(내 천)은
물이 흐르는 세 갈래의
물줄기를 그린 상형자로
강물의 흐름을 표현했어요.

똑똑 어휘력

산천(山川)
산과 강을 아울러 이르는 말.

하천(河川)
강과 시내를 아울러 이르는 말.

천변(川邊)
강이나 냇물의 옆.

자연 10

7급

空

빌 공

획순 `丶→丶→宀→宀→空→空→空→空`

쑥쑥 표현력

空(빌 공)은
穴(구멍 혈)과 工(장인 공)이
합쳐진 회의자로
집 안이 텅 비어 있는 것을
표현했어요.

똑똑 어휘력

공기(空氣)
지구를 둘러싼 대기의 하층부를 구성하는 무색무취의 투명한 기체.

공간(空間)
아무것도 없는 빈 곳.

공항(空港)
비행기의 이착륙에 사용하는 비행장.

냥냥 사자성어

자연과 관련한 사자성어를 알아봐요.

山川草木 산천초목
산과 천, 풀과 나무.
자연의 모든 것을 표현하는 사자성어예요.

天高馬肥 천고마비
하늘은 높고 말은 살찐다.
풍요로운 가을을 표현하는 사자성어예요.

一石二鳥 일석이조
한 개의 돌로 두 마리의 새를 잡는다.
하나의 행동으로 두 가지 이득을 얻는 상황을 표현하는 사자성어예요.

清風明月 청풍명월
맑은 바람과 밝은 달.
깨끗하고 고요한 자연 풍경을 표현하는 사자성어예요.

風前燈火 풍전등화
바람 앞의 등불.
위기 상황을 표현하는 사자성어예요.

자연 11

7급

氣

기운 기

획순: ノ ー ニ 气 气 气 気 氣 氣 氣

쑥쑥 표현력

氣(기운 기)는
气(기운 기)와 米(쌀 미)가
합쳐진 *형성자로
쌀에서 올라오는 김처럼
눈에 보이지 않는 기운을
표현했어요.

*형성자 : 뜻 부분과 음 부분이 합쳐진 글자.

똑똑 어휘력

기분(氣分)
마음이나 감정의 상태를 나타내는 말.

기운(氣運)
사물이나 현상의 흐름에서 느껴지는 분위기나 기세.

기체(氣體)
형태가 일정하지 않고, 공기처럼 자유롭게 퍼지는 물질의 상태.

자연 12

7급

草

풀 초

획순 一→艹→艹→艹→艹→芦→芦→苩→苴→草

쑥쑥 표현력

草(풀 초)는
艹(풀 초)와 무(일찍 조)가
합쳐진 형성자예요.

똑똑 어휘력

초원(草原)
풀이 넓게 자라는 들판.

잡초(雜草)
길가나 밭에서 자라는 여러 가지 풀.

초식동물(草食動物)
풀을 먹고 사는 동물.

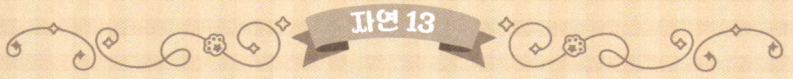

자연 13

7급

花

꽃 화

획순 一 十 艹 艹 艹 艹 花 花

쑥쑥 표현력

花(꽃 화)는
艹(풀 초)와 化(될 화)가
합쳐진 형성자로
풀이 변해서 피어난 꽃을
표현했어요.

똑똑 어휘력

화단(花壇)
꽃을 심기 위해 마련한 땅.

화분(花盆)
꽃을 심는 그릇.

화환(花環)
축하나 조의할 때 쓰는 꽃 장식.

자연 14

7급

電

번개 전

획순: 一 丆 戶 丙 雨 雨 雨 雨 雨 雪 雪 雷 電

쑥쑥 표현력

電(번개 전)은
雨(비 우)와 申(펼 신)이
합쳐진 회의자로
비구름 사이로 벼락이 떨어지는
모습을 표현했어요.

똑똑 어휘력

전화(電話)
전기적 신호를 이용하여 먼 거리에서 음성을 주고받는 통신 수단.

전기(電氣)
빛을 밝히거나 기계를 작동시키는 힘.

전차(電車)
레일 위를 달리는 교통수단.

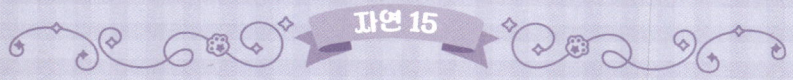

자연 15

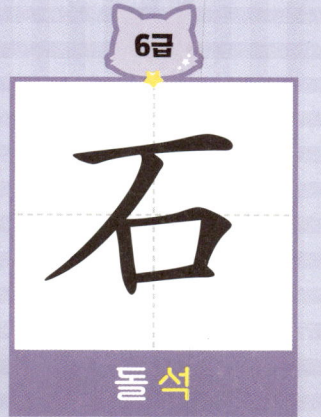

6급

石

돌 석

획순 一 → ㄏ → ズ → 石 → 石

쑥쑥 표현력

石(돌 석)은 절벽에서 떨어지는 단단한 돌을 그린 상형자로 산 아래로 굴러 내려가는 돌을 표현했어요.

똑똑 어휘력

암석(巖石)
단단한 바위나 돌덩이.

보석(寶石)
아주 단단하고 빛깔과 광택이 아름다운 광물.

석탄(石炭)
땅속에서 캐는 까만 돌.

자연 16

6급

海

바다 해

획순: 丶 丷 氵 氵 汇 汇 海 海 海 海

쑥쑥 표현력

海(바다 해)는
水(물 수)와 每(매양 매)가
합쳐진 회의자예요.

똑똑 어휘력

해양(海洋)
넓은 바다.

심해(深海)
깊은 바다.

항해(航海)
배를 타고 바다 위를 다님.

자연 17

6급

雪

눈 설

획순 一 ㄧ ㄧ 亠 〒 而 雨 雨 雨 雪 雪

쏙쏙 표현력

雪(눈 설)은
雨(비 우)와 ヨ(비 혜)가
합쳐진 회의자로
하늘에서 내린 눈을
빗자루로 쓰는 모습을
표현했어요.

똑똑 어휘력

설경(雪景)
눈이 내려서 만들어진 아름다운 풍경.

폭설(暴雪)
한꺼번에 많이 내리는 눈.

설산(雪山)
눈이 덮인 산.

자연 18

6급

風

바람 풍

획순 ㇓→几→几→凡→凡→凨→風→風→風

쑥쑥 표현력

風(바람 풍)은
凡(무릇 범)과 虫(벌레 충)이
합쳐진 회의자로
태풍이 지난 다음
병충이 많아진다는 것을
표현했어요.

똑똑 어휘력

태풍(颱風)
강한 바람과 비를 동반하는 큰 폭풍.

풍경(風景)
자연이나 장소의 아름다운 모습.

풍속(風速)
바람이 부는 속도.

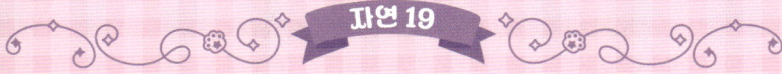

자연 19

6급

星

별 성

획순 ㅣ→ 冂 → 冋 → 日 → 旦 → 旱 → 甼 → 星 → 星

쑥쑥 **표현력**

星(별 성)은
日(해 일)과 生(날 생)이
합쳐진 회의자로
풀 옆의 별을 표현했어요.

똑똑 **어휘력**

위성(衛星)
행성의 인력에 의해 둘레를 도는 천체. 지구, 화성, 목성 등이 있다.

유성(流星)
지구의 대기권 안으로 들어와 빛을 내며 떨어지는 작은 물체.

자연 20

6급

光

빛 광

획순 ⎯ ⎯ ⎯ ⎯ ⎯ 光

쑥쑥 표현력

光(빛 광)은
儿(어진사람 인)과
火(불 화)가 합쳐진 회의자로
사람의 머리 위에 빛이 나는
모습을 표현했어요.

똑똑 어휘력

광선(光線)
빛이 나아가는 줄기.

광경(光景)
벌어진 일의 형편과 모양.

광복(光復)
빼앗긴 주권을 도로 찾음.

야옹야옹 놀이터

어떤 위시캣의 소품인지 찾아 선으로 이어 보세요.

아버지 부

획순 ノ ハ グ 父

쑥쑥 표현력

父(아버지 부)는
손에 도끼를 든
모양을 본뜬 상형자로,
가족을 위해 일하는
아버지의 모습을
표현했어요.

똑똑 어휘력

부모(父母)
아버지와 어머니를 함께 이르는 말.

부친(父親)
아버지를 높여서 부르는 말.

장부(丈夫)
어른 남자를 가리키는 말.

관계 2

8급

어머니 모

획순 ㄴ → 几 → 瓜 → 母 → 母

쑥쑥 표현력

母(어머니 모)는 아이에게 젖을 먹이는 여인의 모양을 본뜬 상형자로, 자식을 돌보는 어머니를 표현했어요.

똑똑 어휘력

모성(母性)
어머니처럼 자식을 사랑하는 마음.

모친(母親)
어머니를 높여 부르는 말.

조모(祖母)
부모의 어머니를 이르는 말.

女

여자 **여**

획순 ㄑ 乄 女

쑥쑥 표현력

女(여자 여)는
무릎을 꿇고 있는
여인의 모양을 본뜬 상형자로,
여자가 앉아 있는 모습을
표현했어요.

똑똑 어휘력

여자(女子)
여자인 사람.

여학생(女學生)
여자 학생.

여왕(女王)
여자인 임금.

관계 4

8급

兄

형 형

획순 ㅣ → ㅁ → ㅁ → 무 → 兄

쑥쑥 표현력

兄(형 형)은
儿(어진사람 인)과 口(입 구)가
합쳐진 회의자로,
말하고 이끄는 사람의 모습을
표현했어요.

똑똑 어휘력

형제(兄弟)
형과 동생.

학부형(學父兄)
학생의 부모나 보호자.

형수(兄嫂)
형의 아내를 부르는 말.

관계 5

8급

아우 제

획순: 丶 ゛ ⺷ ⺸ 弓 弟 弟

쑥쑥 표현력

弟(아우 제)는 활을 들고 노는 동생의 모습을 본뜬 상형자예요.

똑똑 어휘력

자제(子弟)
자식이나 젊은 남자를 높여 이르는 말.

제자(弟子)
스승에게 배우는 사람.

형제애(兄弟愛)
형제 간의 우애와 사랑.

관계 6

8급

임금 왕

획순 一→二→千→王

쑥쑥 표현력

王(임금 왕)은
세 줄의 선과 그것을 꿰뚫는
하나의 획이 합쳐진 *지사자로,
하늘, 사람, 땅을 다스리는
임금을 표현했어요.

*지사자 : 추상적인 뜻을 점이나 선으로 표시한 글자.

똑똑 어휘력

왕국(王國)
임금이 다스리는 나라.

왕비(王妃)
왕의 아내.

왕자(王子)
왕의 아들.

관계 7

8급

民

백성 민

획순 ㄱ → ㄱ → 尸 → 民 → 民

쑥쑥 표현력

民(백성 민)은 송곳으로 사람의 눈을 찌르는 모습을 본뜬 상형자로 옛날에는 힘없는 백성의 모습을 표현했어요.

똑똑 어휘력

국민(國民)
국가를 구성하는 사람. 또는 그 나라의 국적을 가진 사람.

시민(市民)
도시에서 사는 사람.

민속(民俗)
민간 생활과 결부된 신앙, 습관, 문화 따위를 이르는 말.

관계 8

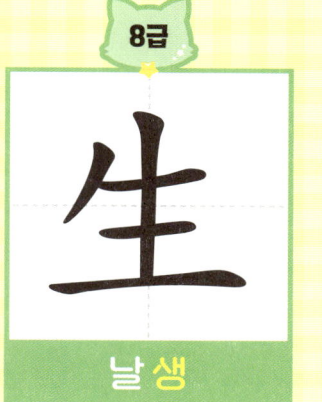

8급

生

날 생

획순: ノ ㅗ ㅌ 牛 生

쑥쑥 표현력

生(날 생)은
땅 위로 새싹이 돋아나는
모양을 본뜬 상형자로,
생명이 태어나는 모습을
표현했어요.

똑똑 어휘력

생명(生命)
살아 있는 힘.

학생(學生)
공부하는 사람.

탄생(誕生)
새로 태어나는 일.

관계 9

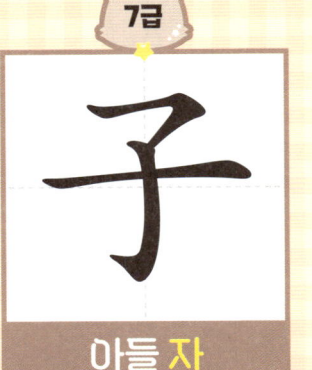

7급

子

아들 자

획순 ㄱ → 了 → 子

쑥쑥 표현력

子(아들 자)는
아기가 팔을 벌리고 있는
모습을 본뜬 상형자로,
어린아이 또는 자식을
표현했어요.

똑똑 어휘력

자녀(子女)
아들과 딸.

자식(子息)
부모가 낳은 아이나 후손.

효자(孝子)
부모님을 잘 모시는 아들.

관계 10

7급

男

사내 남

획순 丨→冂→日→田→田→男→男

쑥쑥 표현력

男(사내 남)은
田(밭 전)과 力(힘쓸 력)이
합쳐진 회의자로,
밭에서 일하는 남자의
모습을 표현했어요.

똑똑 어휘력

남자(男子)
남자인 사람.

남동생(男同生)
남자 동생.

남편(男便)
결혼하여 여자의 짝이 된 남자.

냥냥 사자성어

관계와 관련한 사자성어를 알아봐요.

以 心 傳 心 이심전심

마음과 마음이 통하는 것.
말하지 않아도 서로의 마음을 잘 안다고 표현하는 사자성어예요.

同 苦 同 樂 동고동락

함께 슬퍼하고 함께 기뻐함.
즐거울 때나 힘들 때나 항상 함께하는 사이를 표현하는 사자성어예요.

相 扶 相 助 상부상조

서로서로 도움.
서로 도와주고 의지하며 지내는 사이를 표현하는 사자성어예요.

百 年 偕 老 백년해로

백년 동안 같이 늙음.
사이좋게 오래오래 함께 사는 사이를 표현하는 사자성어예요.

管 鮑 之 交 관포지교

관중과 포숙의 사귐.
우정이 아주 돈독한 친구 관계를 표현하는 사자성어예요.

관계 11

7급

自

스스로 자

획순 ´→ⵏ→ⵑ→自→自→自

쑥쑥 표현력

自(스스로 자)는
사람의 코 모양을
본뜬 상형자로,
자기 자신을 가리키는
몸짓에서 '스스로'라는 뜻을
표현했어요.

똑똑 어휘력

자신(自身)
자기 자신.

자율(自律)
스스로 규칙을 지키는 일.

자기소개(自己紹介)
스스로 자신을 소개하는 일.

관계 12

7급

家

집 가

획순 ｀ ⼎ ⼧ 宁 宇 宇 宇 家 家 家

쑥쑥 표현력

家(집 가)는
⼧(집 면)과 豕(돼지 시)가
합쳐진 회의자로,
돼지를 기르는 집,
사람이 사는 집을
표현했어요.

똑똑 어휘력

가족(家族)
주로 부부를 중심으로 한, 친족 관계에 있는 사람들의 집단. 또는 그 구성원.

가정(家庭)
한 가족이 생활하는 집.

관계 13

7급

名

이름 명

획순 ノ→ク→夕→夕→名→名

쑥쑥 표현력

名(이름 명)은
夕(저녁 석)과 口(입 구)가
합쳐진 회의자로,
어두운 밤에 이름을 부르는
모습을 표현했어요.

똑똑 어휘력

성명(姓名)
성과 이름.

유명(有名)
이름이 널리 알려진 상태.

명작(名作)
훌륭하고 유명한 작품.

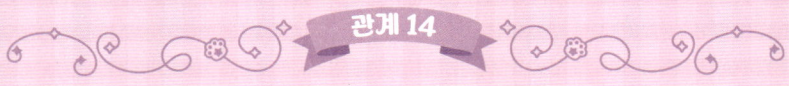

관계 14

7급

夫

지아비 부

획순 一 → 二 → 扌 → 夫

쑥쑥 표현력

夫(지아비 부)는
사람의 머리에
머리 장식을 더한 상형자로,
어른 남자의 모습을
표현했어요.

똑똑 어휘력

부부(夫婦)
남편과 아내.

부군(夫君)
다른 사람의 남편을 높여 이르는 말.

관계 15

6급

아이 동

획순: 丶 → 二 → 立 → 立 → 立 → 产 → 音 → 音 → 音 → 音 → 童 → 童

쑥쑥 표현력

童(아이 동)은
立(설 립)과 里(마을 리)가
합쳐진 회의자로
마을에서 노는 아이들을
표현했어요.

똑똑 어휘력

아동(兒童)
나이가 어린 사람.

동화(童話)
어린이를 위하여 동심을 바탕으로 지은 이야기.

동요(童謠)
어린이들의 생활 감정이나 심리를 표현한 노래.

관계 16

6급

할아버지 조

획순 一 ニ ラ 宁 示 祀 和 祖 祖 祖

쑥쑥 표현력

祖(할아버지 조)는
示(보일 시)와 且(또 차)가
합쳐진 형성자로
조상에게 제사를 지내는
모습을 표현했어요.

똑똑 어휘력

조상(祖上)
윗대의 어른.

조부모(祖父母)
할아버지와 할머니.

조국(祖國)
조상 때부터 대대로 살던 나라.

관계 17

6급

孫

손자 손

획순 ㄱ 了 子 孑 孖 孖 孫 孫 孫 孫

쏙쏙 표현력

孫(손자 손)은
子(아들 자)와 系(이을 계)가
합쳐진 회의자로,
자식에서 이어지는 손자를
표현했어요.

똑똑 어휘력

손자(孫子)
아들이나 딸의 아들.

손녀(孫女)
아들이나 딸의 딸.

자자손손(子子孫孫)
자손의 여러 대.

관계 18

6급

死

죽을 사

획순 一 ㄏ ㄅ 歹 歹 死

쑥쑥 표현력

死(죽을 사)는
歹(뼈 알)과 匕(비수 비)가
합쳐진 회의자로,
생명이 멈춘 상태를
표현했어요.

똑똑 어휘력

사망(死亡)
사람이나 동물이 죽는 것.

사후(死後)
사람이 죽은 뒤의 시간.

사형(死刑)
법에 따라 죄인을 죽이는 형벌.

관계 19

6급

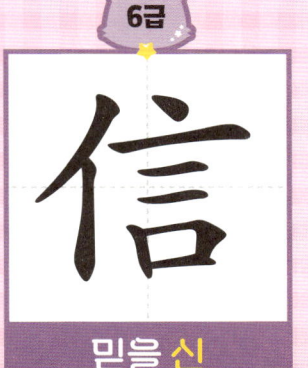

믿을 신

획순: ノ 亻 亻 亻 信 信 信 信 信

쑥쑥 표현력

信(믿다 신)은
人(사람 인)과 言(말씀 언)이
합쳐진 회의자로,
사람의 말에 거짓이 없는 것을
표현했어요.

똑똑 어휘력

신뢰(信賴)
믿고 의지하는 마음.

신념(信念)
굳게 믿는 생각이나 마음.

신용(信用)
믿을 수 있는 능력이나 상태.

관계 20

6급

親

친할 친

획순 `, ㅗ ㅛ ㅛ ㅍ 후 후 亲 亲 쵞 쵞 쵞 퀢 親 親

쏙쏙 표현력

親(친할 친)은
立(설 립)과 木(나무 목),
見(볼 견)이 합쳐진 형성자로
아주 가까운 사람을
표현했어요.

똑똑 어휘력

친화(親和)
서로 사이좋게 지내는 것.

친구(親舊)
같이 놀거나 공부하는 가까운 사람.

친절(親切)
대하는 태도가 매우 정겨운 것.

야옹야옹 놀이터

보기와 같은 베베냥은 모두 몇 마리일까요?

공간 1

8급

中

가운데 중

획순 ｜ 口 口 中

쑥쑥 표현력

中(가운데 중)은
중앙에 펄럭이는 깃발의
모양을 본뜬 상형자로,
사물의 중심을
표현했어요.

똑똑 어휘력

중간(中間)
앞과 뒤, 위와 아래의 가운데.

중심(中心)
한가운데나 가장 중요한 부분.

중국(中國)
아시아 동부에 있는 나라.

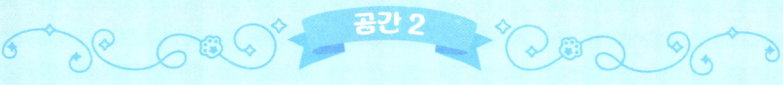

공간 2

7급

윗 상

획순 ㅣ → 上 → 上

쑥쑥 표현력

上(윗 상)은
바닥 위로 선이 올라간
지사자로,
무언가가 위로 향하는
모습을 표현했어요.

똑똑 어휘력

상층(上層)
위쪽 층.

상급생(上級生)
높은 학년에 있는 학생.

상행선(上行線)
위쪽으로 올라가는 길.

공간 3

7급

아래 하

획순 一 → 丅 → 下

쑥쑥 표현력

下(아래 하)는
바닥 아래로 선이 내려간
지사자로,
무언가가 아래에 있거나
내려가는 모습을
표현했어요.

똑똑 어휘력

하층(下層)
아래쪽 층.

하강(下降)
아래로 내려가는 일.

하행선(下行線)
아래쪽으로 내려가는 길.

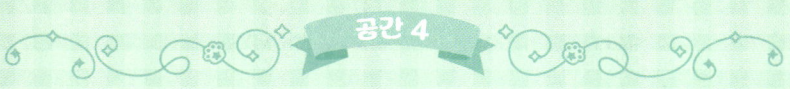

공간 4

7급

左

왼 좌

획순 一 ナ 𠂇 左 左

쏙쏙 표현력

左(왼 좌)는
손을 뜻하는 又(또 우)와
工(장인 공)이 합쳐진 회의자로,
손으로 도구를 잡은
모습을 표현했어요.

똑똑 어휘력

좌측(左側)
왼쪽.

좌회전(左回轉)
왼쪽으로 도는 일.

좌수(左手)
사람의 왼쪽 손.

공간 5

7급

右

오른쪽 우

획순 一 ナ 才 右 右

쑥쑥 표현력

右(오른쪽 우)는
又(또 우)와 口(입 구)가
합쳐진 회의자로,
밥 먹는 손을 표현했어요.

똑똑 어휘력

우측(右側)
오른쪽.

우회전(右回轉)
오른쪽으로 도는 일.

우수(右手)
사람의 오른쪽 손.

공간 6

7급

外
바깥 외

획순: ノ → ク → タ → 夘 → 外

쑥쑥 표현력

外(바깥 외)는
夕(저녁 석)과 卜(점 복)이
합쳐진 회의자예요.

똑똑 어휘력

외출(外出)
밖으로 나가는 일.

외부(外部)
바깥쪽 부분.

외국(外國)
자기 나라가 아닌 다른 나라.

공간 7

內
안 내

7급

획순 | → 冂 → 内 → 內

쑥쑥 표현력

內(안 내)는
冂(멀 경)과 入(들 입)이
합쳐진 회의자예요.

똑똑 어휘력

내부(內部)
안쪽 부분.

내용(內容)
사물의 속내를 이루는 것.

국내(國內)
나라의 안.

공간 8

前

앞 전

획순 丶 丷 亠 产 亣 肯 肯 前 前

쑥쑥 표현력

前(앞 전)은
止(그칠 지)와 舟(배 주)가
합쳐진 회의자로
배가 멈춰 선 곳,
즉 앞을 표현했어요.

똑똑 어휘력

전일(前日)
정한 날을 기준으로 한 바로 앞날.

이전(以前)
이제보다 전.

전진(前進)
앞으로 나아가는 일.

공간 9

7급

後

뒤 후

획순 ノ→ノ→彳→彳→彳→徏→徏→後→後

쑥쑥 표현력

後(뒤 후)는
彳(조금 걸을 척), 幺(작을 요),
夂(뒤져서 올 치)가 합쳐진
회의자예요.

똑똑 어휘력

이후(以後)
기준이 되는 때를 포함하여 그보다 뒤.

후회(後悔)
지나간 일에 대해 아쉬워하는 마음.

후반(後半)
전체를 둘로 나눈 것의 뒤쪽 반.

공간 10

7급

方

모 방

획순: 丶 → 亠 → 宀 → 方

쑥쑥 표현력

方(모 방)은 소가 끄는 쟁기를 본뜬 상형자로, 방향이나 방위를 표현했어요.

똑똑 어휘력

방향(方向)
어떤 곳을 향한 쪽.

방법(方法)
어떤 일을 해 나가거나 목적을 이루기 위하여 취하는 수단이나 방식.

지방(地方)
어느 방면의 땅.

냥냥 사자성어

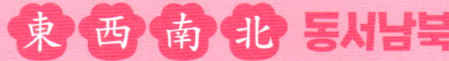시간·공간과 관련한 사자성어를 알아봐요.

東 西 南 北 동서남북

동쪽, 서쪽, 남쪽, 북쪽.
네 가지 방향을 표현하는 사자성어예요.

天 地 四 方 천지사방

하늘과 땅, 사방 모든 곳.
온 세상 모든 곳을 표현하는 사자성어예요.

東 西 古 今 동서고금

동양, 서양, 옛날과 지금.
모든 시대와 장소를 표현하는 사자성어예요.

晝 夜 長 川 주야장천

밤낮으로 쉬지 않고 연달아.
아주 오랫동안 계속된다는 것을 표현하는 사자성어예요.

一 刻 千 金 일각천금

잠깐의 시간도 천금처럼 귀하다.
아무리 짧은 시간이라도 천금과 같이 귀중함을 표현하는 사자성어예요.

시간 11

7급

年

해 년

획순 ノ → ᅩ → ᅹ → ᇉ → 乍 → 年

쑥쑥 표현력

年(해 년)은
禾(벼 화)와 人(사람 인)이
합쳐진 형성자로,
볏단을 등에 지고 가는
사람을 표현했어요.

똑똑 어휘력

연도(年度)
일 년 동안의 기간.

생년월일(生年月日)
태어난 해, 달, 날짜.

매년(每年)
한 해 한 해.

시간 12

7급

月

달 월

획순 ノ → 刀 → 月 → 月

쑥쑥 표현력

月(달 월)은
하늘에 떠 있는 달의
모양을 본뜬 상형자로,
초승달 모양을
표현했어요.

똑똑 어휘력

월요일(月曜日)
한 주의 첫 번째 날.

월식(月蝕)
달이 가려지는 현상.

생일(月日)
태어난 날.

시간 13

7급

時

때 시

획순 l → ⏽ → 月 → 日 → 日⁻ → 日⁺ → 旰 → 時 → 時

쑥쑥 표현력

時(때 시)는
日(해 일)과 寺(절 사)가
합쳐진 형성자예요.

똑똑 어휘력

시계(時計)
시간을 알려주는 기계.

시간(時間)
어떤 일이 일어나는 동안.

정시(定時)
일정한 시간 또는 시기.

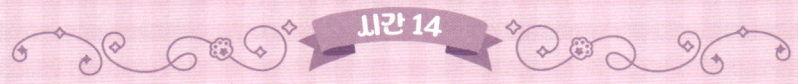

시간 14

7급

春
봄 춘

획순: 一 → 二 → 三 → 彡 → 夫 → 夫 → 春 → 春 → 春

쏙쏙 표현력

春(봄 춘)은
日(해 일), ⺾(풀 초),
屯(진칠 둔)이 합쳐진 회의자로
햇살 아래 올라오는
새싹을 표현했어요.

똑똑 어휘력

춘풍(春風)
봄에 부는 바람.

춘분(春分)
이십사절기의 하나로 낮과 밤의 길이가 거의 같은 봄날.

춘천(春川)
강원특별자치도 서쪽에 있는 시.

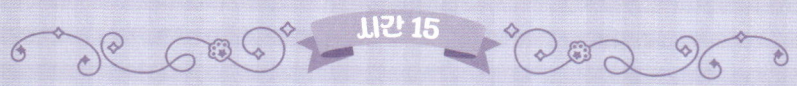

시간 15

7급

夏

여름 하

획순 一 → 丆 → 厂 → 丆 → 百 → 百 → 百 → 頁 → 夏 → 夏

쑥쑥 표현력

夏(여름 하)는
頁(머리 혈)과
夂(천천히 걸을 쇠)가 합쳐진
회의자예요.

똑똑 어휘력

하복(夏服)
여름에 입는 옷.

하계(夏季)
여름철.

시간 16

7급

秋

가을 추

획순: ´ ⼆ 千 ⼲ 禾 禾 禾 秒 秋

쑥쑥 표현력

秋(가을 추)는
禾(벼 화)와 火(불 화)가
합쳐진 회의자로,
곡식을 베어 말리는 것을
표현했어요.

똑똑 어휘력

추석(秋夕)
우리나라 명절의 하나.

입추(立秋)
이십사절기의 하나로 가을이
시작되는 날.

추수(秋收)
가을에 벼나 곡식을 거두는 일.

시간 17

7급

겨울 동

획순 ノ→ク→夂→冬→冬

쑥쑥 표현력

冬(겨울 동)은
冫(얼음 빙)과 夂(뒤져 올 치)가
결합한 회의자로,
한해를 마무리하는 겨울을
표현했어요.

똑똑 어휘력

동장군(冬將軍)
아주 추운 겨울을 일컫는 말.

동지(冬至)
이십사절기의 하나로 밤이 가장 길고 낮이 가장 짧은 날.

7급

夕

저녁 석

획순 ノ → ク → 夕

쏙쏙 표현력

夕(저녁 석)은
반쯤 기울어진 달 모양을
본뜬 상형자로,
해가 지고 어두워지는 저녁을
표현했어요.

똑똑 어휘력

석양(夕陽)
저녁에 지는 해.

석식(夕食)
저녁 식사.

시간 19

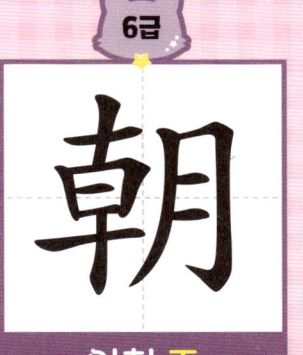

6급

朝

아침 조

획순 一→十→十→古→古→古→直→卓→朝→朝→朝→朝

쏙쏙 표현력

朝(아침 조)는
艹(풀 초), 日(해 일),
月(달 월)이 합쳐진 회의자로,
해가 뜨며 하루가 시작되는
아침을 표현했어요.

똑똑 어휘력

조식(朝食)
아침 식사.

조간신문(朝刊新聞)
아침에 나오는 신문.

조회(朝會)
아침에 모든 구성원이 한자리에 모이는 일.

시간 20

6급

分

나누다 분

획순 ノ 八 今 分

쏙쏙 표현력

分(나누다 분)은
八(여덟 팔)과 刀(칼 도)가
합쳐진 회의자로
사물이 반으로 나뉜 모습을
표현했어요.

똑똑 어휘력

분침(分針)
시계에서 분을 가리키는 긴 바늘.

분초(分秒)
시간의 단위인 분과 초를 아울러 이르는 말.

야옹야옹 놀이터

닥터냥이 미로를 잘 빠져나올 수 있게 길을 찾아 주세요.

수학 1

8급

一

한 일

획순 ─

쑥쑥 표현력

一(한 일)은
한 줄로 그어진 상형자로,
가장 처음인 '하나'를 간단하게
표현했어요.

똑똑 어휘력

일등(一等)
가장 첫 번째.

일일(一日)
하루.

일반(一般)
특별하지 않고 평범한 수준.

8급

二

두 이

획순: 一 → 二

쑥쑥 표현력

二(두 이)는 평행한 두 줄을 그린 상형자로, '둘'을 간단하게 표현했어요.

똑똑 어휘력

이중(二重)
두 겹.

이인삼각(二人三脚)
두 사람이 발을 맞추어 뛰는 놀이.

이등(二等)
두 번째 순서.

수학 3

8급

三

석 삼

획순 一 → 二 → 三

쑥쑥 표현력

三(석 삼)은
평행한 세 줄을 그린
상형자로,
'셋'을 간단하게 표현했어요.

똑똑 어휘력

삼각형(三角形)
세 개의 모서리를 가진 도형.

삼일절(三一節)
3월 1일을 기념하는 날.

삼촌(三寸)
아버지의 형제를 이르거나 부르는 말.

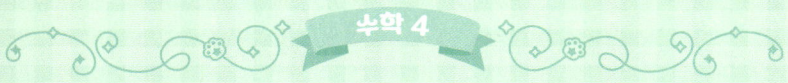

넉 사

획순: 丨→冂→冂→四→四

쑥쑥 표현력

四(넉 사)는
원래 사람의 콧구멍 모양을
본뜬 상형자로,
'숨쉬다'라는 뜻으로 쓰였지만,
지금은 '넷'을 표현했어요.

똑똑 어휘력

사각형(四角形)
네 개의 모서리를 가진 도형.

사계절(四季節)
봄, 여름, 가을, 겨울의 네 계절.

사촌(四寸)
부모님의 형제자매의 자녀.

수학 5

8급

五

다섯 오

획순 一 → 丅 → 五 → 五

쑥쑥 표현력

五(다섯 오)는 나무 막대기를 엇갈려 놓은 것을 본뜬 상형자예요.

똑똑 어휘력

오각형(五角形)
다섯 개의 모서리가 있는 도형.

오감(五感)
사람이 느낄 수 있는 다섯 가지 감각인 시각, 청각, 후각, 미각, 촉각.

수학 6

8급

六

여섯 육

획순 ﹑ 一 亠 六 六

쑥쑥 표현력

六(여섯 육)은
상형자로 기존 *갑골문
해석과는 상관없이
'여섯'을 표현했어요.

*갑골문 : 동북아시아의 고대 상형 문자.

똑똑 어휘력

육각형(六角形)
여섯 개의 모서리를 가진 도형.

오장육부(五臟六腑)
몸 속의 내장을 통틀어 이르는
말.

수학 7

8급

七

일곱 **칠**

획순 一→七

쑥쑥 표현력

七(일곱 칠)은 칼로 무언가를 자르는 모양을 본뜬 상형자로 '일곱'을 표현했어요.

똑똑 어휘력

칠순(七旬)
일흔 살.

칠석(七夕)
음력 7월 7일. 견우와 직녀가 만난다는 날.

수학 8

8급

八

여덟 팔

획순 ノ → 八

쑥쑥 표현력

八(여덟 팔)은 사물이 반으로 쪼개진 모습을 본뜬 상형자로 '여덟'을 표현했어요.

똑똑 어휘력

팔도(八道)
우리나라 전체를 이르는 말.

팔순(八旬)
여든 살.

십중팔구(十中八九)
열 중 여덟이나 아홉. 거의 대부분이라는 뜻.

수학 9

8급

九

아홉 구

획순 ノ → 九

쑥쑥 표현력

九(아홉 구)는 상형자로 기존 갑골문 해석과는 상관없이 '아홉'을 표현했어요.

똑똑 어휘력

구월(九月)
아홉 번째 달.

구구단(九九段)
곱셈에 쓰는 기초 공식을 이르는 말.

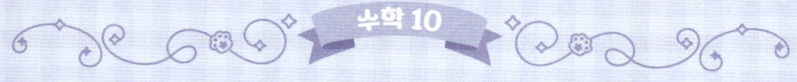

수학 10

8급

十

열 십

획순 一 → 十

쑥쑥 표현력

十(열 십)은 상형자로, 기존 갑골문에 가로획을 더하여 '열'을 표현했어요.

똑똑 어휘력

십자수(十字繡)
실을 '十' 자 모양으로 엇갈리게 놓는 수.

십대(十代)
열 살부터 열아홉 살까지의 나이대.

냥냥 사자성어

숫자와 관련한 사자성어를 알아봐요.

一石二鳥 일석이조
돌 하나로 새 두 마리를 잡는다.
한 가지 일을 해서 두 가지 이익을 얻는다는 사자성어예요.

十匙一飯 십시일반
열 사람이 한 숟가락씩 모은다.
여러 사람이 조금씩 도우면 큰 도움이 된다는 사자성어예요.

七顚八起 칠전팔기
일곱 번 넘어져도 여덟 번 일어난다.
여러 번 실패해도 다시 노력하면 성공할 수 있다는 사자성어예요.

九死一生 구사일생
아홉 번 죽을 뻔하다 한 번 살아난다.
아주 위험한 상황에서 겨우 살아난다는 사자성어예요.

百發百中 백발백중
백 번 쏘아서 백 번 모두 맞힌다.
무슨 일을 하든지 잘 맞히고 성공한다는 사자성어예요.

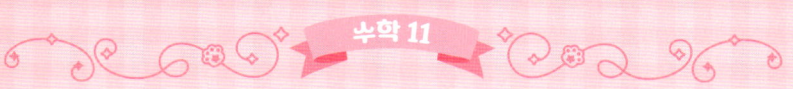

수학 11

7급

萬

일만 만

획순: 一 ⇒ 艹 ⇒ 艹 ⇒ 艹 ⇒ 苩 ⇒ 苩 ⇒ 苩 ⇒ 莒 ⇒ 萬 ⇒ 萬 ⇒ 萬

쑥쑥 표현력

萬(일만 만)은
艹(풀 초)와
禺(긴꼬리원숭이 우)가
합쳐진 상형자로,
기존 갑골문에서는
전갈을 표현했지만
지금은 '일만'을 표현했어요.

똑똑 어휘력

만세(萬歲)
두 손을 높이 들면서 외치는 말에 따라 행하는 동작.

만물(萬物)
세상의 모든 것.

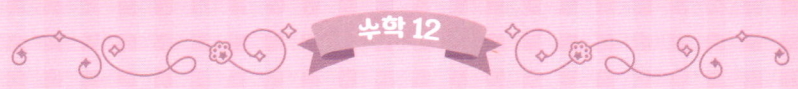

수학 12

7급

일백 백

획순 一→丆→丆→万→百→百

쑥쑥 표현력

百(일백 백)은
지붕에 달린 말벌집을
본뜬 상형자로,
말벌이 많다는 것을
표현했어요.

똑똑 어휘력

백화점(百貨店)
여러 가지 상품을 부문별로 나누어 진열, 판매하는 곳.

백과사전(百科事典)
모든 지식을 압축하여 풀이한 책.

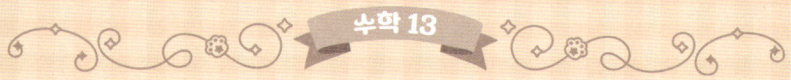

수학 13

7급

千

일천 천

획순 ノ 二 千

쑥쑥 표현력

千(일천 천)은
人(사람 인)자의 다리 부분에
획이 하나 그어진
지사자예요.

똑똑 어휘력

천자문(千字文)
천 개의 한자로 이루어진 글로,
한자를 배우기 위한 책.

천리(千里)
아주 먼 거리를 일컫는 말.

수학 14

7급

算
셈 산

획순 ノ → ⺁ → ⺮ → 竹 → 竺 → 笁 → 笆 → 笪 → 笪 → 筲 → 筲 → 算 → 算

쑥쑥 표현력

算(셈 산)은
竹(대나무 죽), 目(눈 목),
廾(받들 공)이
합쳐진 회의자로,
셈하는 도구인 산가지를
표현했어요.

똑똑 어휘력

계산(計算)
수를 헤아리는 일.

산수(算數)
계산하는 방법.

산식(算式)
숫자, 문자, 기호를 써서 이들 사이의 수학적 관계를 나타낸 것.

수학 15

7급

全

온전할 전

획순 ノ→ 入 → 仐 → 仝 → 全 → 全

쑥쑥 표현력

全(온전할 전)은
入(들 입)과 玉(옥 옥)이
합쳐진 회의자로,
빠짐없이 모두 있는 모습을
표현했어요.

똑똑 어휘력

전체(全體)
하나의 대상으로 삼는 경우.

완전(完全)
필요한 것이 모두 갖추어져 모자람이나 흠이 없음.

적을 소

획순 丿 → 小 → 小 → 少

쑥쑥 표현력

少(적을 소)는
작은 파편이 튀는 모습을
본뜬 상형자로
수나 양이 적은 상태를
표현했어요.

똑똑 어휘력

소수(少數)
적은 수.

청소년(青少年)
청년과 소년을 아울러 이르는 말.

과소(過少)
아주 적음.

수학 17

7급

數

셈 수

획순: 丨 冂 曰 무 무 吕 吕 曲 曹 婁 婁 婁 數 數 數

쑥쑥 표현력

數(셈 수)는
婁(끌 누)와 攵(칠 복)이
합쳐진 회의자로,
물건을 세는 모습을
표현했어요.

똑똑 어휘력

수학(數學)
수량 및 공간의 성질에 관하여 연구하는 학문.

숫자(數字)
수를 나타내는 글자.

수량(數量)
수효와 분량을 아울러 이르는 말.

수학 18

6급

半
반 반

획순: ´ → ´` → ´`∠ → ´`∠ = → 半

쑥쑥 표현력

半(반 반)은
牛(소 우)와 八(여덟 팔)이
합쳐진 회의자로,
반으로 가른 모습을
표현했어요.

똑똑 어휘력

절반(折半)
하나를 반으로 가름. 또는 그렇게 가른 반.

반월(半月)
반원형의 달. 반달.

반신반의(半信半疑)
얼마쯤 믿으면서도 한편으로는 의심함.

수학 19

6급

多

많을 다

획순 ノ ⟶ ク ⟶ タ ⟶ 夕 ⟶ 多 ⟶ 多

쑥쑥 표현력

多(많을 다)는
肉(고기 육)을 겹쳐 그린
회의자로 고기가 쌓여 있는
모습을 표현했어요.

똑똑 어휘력

다수(多數)
수가 많음.

다양(多樣)
여러 가지 모양이나 양식.

다정(多情)
정이 많음.

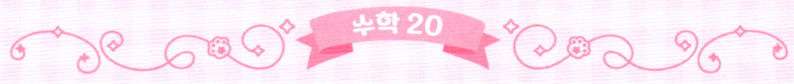

수학 20

6급

셀 계

획순 ` 一 ＋ 二 ÷ ≟ 言 言 言 計

쑥쑥 표현력

計(셀 계)는
言(말씀 언)과 十(열 십)이
합쳐진 형성자로,
말로 수를 세거나 헤아리는
모습을 표현했어요.

똑똑 어휘력

계산기(計算機)
여러 가지 계산을 빠르고 정확하게 하기 위해 사용하는 기기.

통계(統計)
전부를 통틀어 계산함.

야옹야옹 놀이터

그림을 보고 다른 곳 5군데를 찾아 아래 그림에 동그라미 하세요.

식물 1

7급

林

수풀 림

획순 一 十 オ 木 木 朴 村 林

쑥쑥 표현력

林(수풀 림)은
木(나무 목)이 두 개
나란히 있는 회의자로,
나무가 가득한 숲을
표현했어요.

똑똑 어휘력

죽림(竹林)
대나무가 모여 있는 숲.

계림(桂林)
계수나무로 이루어진 숲.

수림(樹林)
나무가 우거진 숲.

식물 2

6급

樹

나무 수

획순: 一 十 才 オ 木 朴 朴 朴 村 桔 桔 桂 桂 桂 樹 樹

쑥쑥 표현력

樹(나무 수)는
木(나무 목)과 尌(세울 주)가
합쳐진 형성자로
나무를 세우고 가꾸는 모습을
표현했어요.

똑똑 어휘력

가로수(街路樹)
길을 따라 줄지어 심은 나무.

상록수(常綠樹)
사계절 내내 잎이 푸른 나무. 소나무, 대나무.

수목(樹木)
살아 있는 나무.

식물 3

6급

本

뿌리 본 / 근본 본

획순 一 → 十 → 才 → 木 → 本

쑥쑥 표현력

本(뿌리 본 / 근본 본)은 木(나무 목)의 밑동에 선을 그어 만든 지사자로, 나무의 뿌리나 시작을 표현했어요.

똑똑 어휘력

기본(基本)
사물이나 현상, 이론, 시설 따위를 이루는 바탕.

본문(本文)
글의 중심 내용.

본래(本來)
사물이나 사실이 전하여 내려온 그 처음.

씨물 4

6급

根

뿌리 근

획순 一 十 才 木 朼 枦 枦 根 根 根

쑥쑥 표현력

根(뿌리 근)은
木(나무 목)과 艮(어긋날 간)이
합쳐진 회의자로,
나무의 단단한 뿌리를
표현했어요.

똑똑 어휘력

근거(根據)
근본이 되는 거점.

근간(根幹)
사물의 바탕이나 중심이 되는
중요한 것.

근본(根本)
사물의 본질이나 바탕.

식물 5

6급

실과 과

획순 丨 冂 冂 日 曰 旦 旱 果 果

쑥쑥 표현력

果(실과 과)는
木(나무 목)과 田(밭 전)이
합쳐진 상형자로,
나무에 열린 과일을
표현했어요.

똑똑 어휘력

과실(果實)
나무 따위를 가꾸어 얻는, 사람이 먹을 수 있는 열매.

결과(結果)
어떤 원인으로 결말이 생김. 또는 그런 결말의 상태.

과즙(果汁)
과일에서 나온 즙.

동물 6

5급

馬

말 마

획순 ㅣ ㄧ 厂 ㅌ ㅌ 㠯 馬 馬 馬 馬 馬

쑥쑥 표현력

馬(말 마)는
말의 머리와 다리, 꼬리를
본뜬 상형자로,
네 발 달린 말을
표현했어요.

똑똑 어휘력

기마(騎馬)
말을 타는 것.

마차(馬車)
말이 끄는 수레.

마구간(馬廐間)
말을 기르는 곳.

동물 7

5급

牛

소 우

획순 ノ ⺧ 匸 牛

쑥쑥 표현력

牛(소 우)는
소의 뿔과 얼굴의 모양을
본뜬 상형자로,
뿔 달린 소의 모습을
표현했어요.

똑똑 어휘력

우유(牛乳)
소의 젖. 살균하여 음료로 마시
거나 아이스크림을 만든다.

우이독경(牛耳讀經)
소 귀에 경 읽기. 아무리 가르쳐
도 알아듣지 못함을 이르는 말.

동물 8

5급

魚

물고기 어

획순 ′ → ⺈ → ⺈ → 㐅 → 乌 → 角 → 甪 → 魚 → 魚 → 魚 → 魚

쑥쑥 표현력

魚(물고기 어)는
머리, 지느러미, 꼬리가 있는
물고기의 모양을 본뜬
상형자예요.

똑똑 어휘력

어류(魚類)
지느러미와 부레가 있어 물속을 헤엄쳐 다니고 아가미로 호흡하는 동물.

어항(魚缸)
물고기를 기르는 그릇.

동물 9

4급

羊

양 양

획순 、 ゛ ⺌ ⺍ 亠 尹 羊

쑥쑥 표현력

羊(양 양)은
뿔 달린 양의 머리를 본뜬
상형자예요.

똑똑 어휘력

산양(山羊)
염소과에 속하며 뿔이 길고 몸집이 작은 동물.

양모(羊毛)
양의 털.

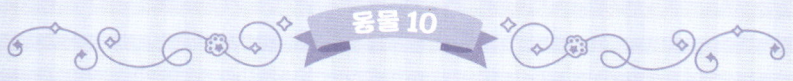

동물 10

4급

개 견

획순 一 ナ 大 犬

쑥쑥 표현력

犬(개 견)은
꼬리가 강조된 개를
본뜬 상형자예요.

똑똑 어휘력

애완견(愛玩犬)
주로 실내에서 기르는 개.

견주(犬主)
개의 주인.

투견(鬪犬)
싸움을 시키기 위해 기르는 개.

냥냥 사자성어

동물, 식물, 음식과 관련한 사자성어를 알아봐요.

馬 耳 東 風 마이동풍
말의 귀에 동쪽 바람이 분다.
남의 말을 잘 듣지 않고 무시할 때 쓰는 사자성어예요.

虎 視 眈 眈 호시탐탐
호랑이가 먹이를 노려본다.
무언가를 이루려고 조용히 기회를 기다릴 때 쓰는 사자성어예요.

結 草 報 恩 결초보은
풀을 묶어서 은혜를 갚는다.
받은 은혜를 절대 잊지 않고 꼭 갚는다는 사자성어예요.

一 葉 知 秋 일엽지추
하나의 나뭇잎을 보고 가을이 옴을 안다.
조그마한 일을 가지고 미래의 일을 예측한다는 사자성어예요.

珍 羞 盛 饌 진수성찬
아주 귀하고 맛있는 음식이 가득 차려져 있다.
맛있고 훌륭한 음식을 표현하는 사자성어예요.

음식 11

7급

밥 식

획순 ノ→人→𠆢→今→今→今→食→食→食

쑥쑥 표현력

食(밥 식)은
뚜껑 덮인 그릇 안에
음식이 있는 모양을 본뜬
상형자예요.

똑똑 어휘력

음식(飮食)
먹고 마시는 것.

식사(食事)
밥을 먹는 일.

식당(食堂)
음식을 파는 곳.

음식 12

6급

油

기름 유

획순: 丶 丶 氵 氵 汩 油 油

쑥쑥 표현력

油(기름 유)는
水(물 수)와 由(말미암을 유)가
합쳐진 회의자예요.

똑똑 어휘력

식용유(食用油)
요리에 쓰는 기름.

유전(油田)
석유가 나오는 곳.

유화(油畵)
물감을 기름에 개어 그리는 그림.

음식 13

쌀 미

획순 ` → ´ → ¯ → 半 → 米 → 米

쑥쑥 표현력

米(쌀 미)는
쌀알이 흩어지는 모습을
본뜬 상형자예요.

똑똑 어휘력

백미(白米)
껍질을 벗긴 흰쌀.

미음(米飮)
쌀을 끓여 만든 묽은 음식.

현미(玄米)
벼의 겉껍질만 벗겨 낸 쌀.

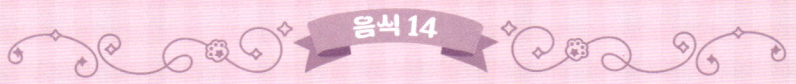

음식 14

6급

飮

마실 음

획순 丿 → 𠂉 → 𠂉 → 仒 → 𠃌 → 㐃 → 𩙿 → 𩙿 → 𩙿 → 飮 → 飮 → 飮

쏙쏙 표현력

飮(마실 음)은
食(밥 식)과 欠(하품 흠)이
합쳐진 회의자로,
입으로 마시는 모습을
표현했어요.

똑똑 어휘력

음료(飮料)
사람이 마실 수 있도록 만든 액체를 통틀어 이르는 말.

음수대(飮水臺)
물을 마시는 곳.

음주(飮酒)
술을 마시는 일.

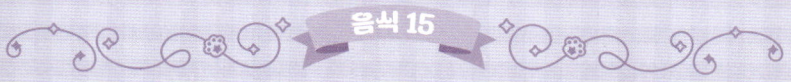

음식 15

4급

肉

고기 육

획순: 丨→冂→冂→內→肉→肉

쑥쑥 표현력

肉(고기 육)은 고깃덩어리에 칼집을 낸 모양을 본뜬 상형자예요.

똑똑 어휘력

육식(肉食)
음식으로 고기를 먹음. 또는 그런 식사.

육류(肉類)
고기 종류.

육회(肉膾)
생고기를 양념하여 먹는 음식.

음식 16

4급

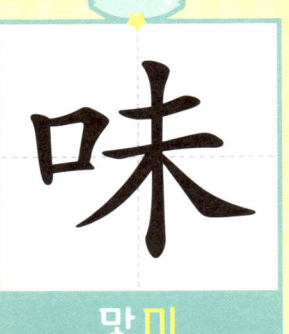

맛 미

획순: 丨 → 口 → 口 → 口﹣ → 口二 → 吁 → 咊 → 味

쑥쑥 表現力

味(맛 미)는
口(입 구)와 未(아닐 미)가
합쳐진 회의자로,
입으로 맛보는 것을
표현했어요.

똑똑 어휘력

미각(味覺)
맛을 느끼는 감각.

조미료(調味料)
음식의 맛을 알맞게 맞추는 데에 쓰는 재료.

별미(別味)
특별히 좋은 맛. 또는 그 맛을 지닌 음식.

음식 17

3급

茶

차 차 / 차 다

획순 一 → 十 → 廾 → 艹 → 犬 → 茶 → 茶 → 茶 → 茶 → 茶

쑥쑥 표현력

茶(차 차 / 차 다)는
艹(풀 초)와 余(나 여)가
합쳐진 형성자예요.

똑똑 어휘력

다도(茶道)
차를 마시는 예절을 배우는 일.

다과(茶菓)
차와 과자.

음식 18

3급

辛

매울 신

획순 ｀→ 二→ 立→ 立→ 平→ 辛

쑥쑥 표현력

辛(매울 신)은
뾰족한 도구의 모양을
본뜬 상형자예요.

똑똑 어휘력

신미(辛味)
혀가 얼얼할 만큼 강한 맛.

신랄(辛辣)
맛이 아주 쓰고 매움.

신산(辛酸)
맛이 맵고 심.

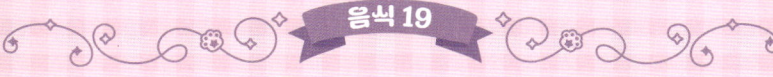

음식 19

3급

甘

달 감

획순 一 → 十 → 卄 → 廿 → 甘

쑥쑥 표현력

甘(달 감)은
口(입 구)자에 획을
하나 그어 입안에 음식이
들어가 있음을 표현한
지사자예요.

똑똑 어휘력

감미(甘味)
달콤한 맛.

감률(甘栗)
맛이 단 밤.

감초(甘草)
콩과의 풀로, 붉은 갈색의 뿌리는 단맛이 나는 것.

음식 20

3급

술 주

획순 ` ` ⺡ 氵 汀 汙 洒 洒 酒 酒

쑥쑥 표현력

酒(술 주)는
水(물 수)와 酉(닭 유)가
결합한 회의자로 술병을
표현했어요.

똑똑 어휘력

양주(洋酒)
외국에서 만든 술.

주점(酒店)
술을 파는 가게.

야옹야옹 놀이터

위시캣의 그림자를 보고 알맞은 위시캣을 찾아 동그라미 하세요.

학교 1

8급

學

배울 학

획순 ` ´ ⺋ ⺋ ғ ғ ғ ᵝ 臼 臼 臼 臼 學 學 學 學

쑥쑥 표현력

學(배울 학)은
臼(절구 구), 宀(집 면),
爻(효 효), 子(아들 자)가
합쳐진 회의자로
배움을 가져가는 집이라는
뜻을 표현했어요.

똑똑 어휘력

학교(學校)
공부하는 곳.

학생(學生)
학교에서 배우는 사람.

학습(學習)
배워서 익히는 일.

학교 2

8급

校

학교 교

획순: 一 十 才 木 朮 朾 杪 校 校 校 校

쑥쑥 표현력

校(학교 교)는
木(나무 목)과 交(사귈 교)가
합쳐진 회의자예요.

똑똑 어휘력

교문(校門)
학교의 정문.

교장(校長)
각급 학교의 으뜸 직위. 또는 그 직위에 있는 사람.

교복(校服)
학생들이 학교에서 입는 옷.

학교 3

7급

文

글월 문

획순 丶 → 亠 → 亣 → 文

쑥쑥 표현력

文(글월 문)은
양팔을 크게 벌린 사람을
본뜬 상형자예요.

똑똑 어휘력

문장(文章)
생각을 글로 쓴 것.

문학(文學)
글로 표현한 예술.

문화(文化)
사람들이 만든 생활 모습.

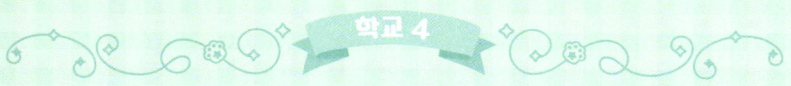

학교 4

6급

字
글자 자

획순 `、 ` ` 宀 宇 宁 字`

쑥쑥 표현력

字(글자 자)는
宀(집 면)과 子(아들 자)가
합쳐진 회의자예요.

똑똑 어휘력

문자(文字)
말소리를 적는 기호.

한자(漢字)
중국에서 온 글자.

정자(正字)
바르고 또박또박 쓴 글자.

학교 5

7급

語

말씀 어

획순: `⼀ ㄷ ㅌ 言 言 言 訁 訐 訢 評 諦 語 語 語

쑥쑥 표현력

語(말씀 어)는
言(말씀 언)과 吾(나 오)가
합쳐진 형성자로,
내가 말하는 소리와 뜻을
표현했어요.

똑똑 어휘력

국어(國語)
우리나라 말.

외국어(外國語)
다른 나라 말.

어휘(語彙)
어떤 일정한 범위 안에서 쓰이는 단어.

학교 6

7급

問

물을 문

획순 丨→冂→冋→冋→冋'→冋冂→冋冂→冋冂→問→問

쑥쑥 표현력

問(물을 문)은
門(문 문)과 口(입 구)가
합쳐진 회의자로,
문 앞에서 입으로 묻는
모습을 표현했어요.

똑똑 어휘력

질문(質問)
알고 싶은 것을 묻는 것.

문의(問議)
물어보는 일.

문답(問答)
묻고 대답하는 일.

학교 7

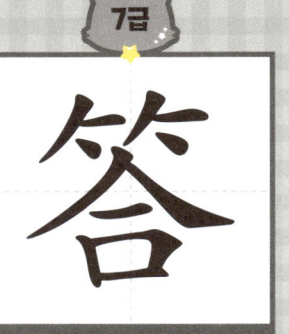

7급

答

대답 답

획순 ﾉ → ﾅ → ﾋ → ﾋˊ → 竹 → 竹 → 竺 → 笊 → 笈 → 答 → 答 → 答

쑥쑥 표현력

答(대답 답)은
竹(대나무 죽)과 合(합할 합)이
합쳐진 회의자로,
대나무 쪽지를 주고 받는
뜻을 표현했어요.

똑똑 어휘력

대답(對答)
부르는 말에 응하여 어떤 말을 함.

정답(正答)
맞는 답.

답장(答狀)
편지에 대한 답변을 보냄.

7급

記

기록할 기

획순: ` ` → ` ` → ` ` → ` ` → `言` → `言` → `言` → `記` → `記`

쑥쑥 표현력

記(기록할 기)는 言(말씀 언)과 己(자기 기)가 합쳐진 회의자로 어떠한 말이나 사건을 머릿속에 저장한다는 것을 표현했어요.

똑똑 어휘력

기록(記錄)
잊지 않게 글로 남기는 것.

일기(日記)
하루 동안 있었던 일을 적는 글.

기념(記念)
어떤 일을 잊지 않으려고 남기는 것.

학교 9

7급

紙

종이 지

획순: 乚 → 纟 → 纟 → 幺 → 糸 → 糸 → 紉 → 紙 → 紙 → 紙

쑥쑥 표현력

紙(종이 지)는
糸(가는 실 사)과 氏(성씨 씨)가
합쳐진 형성자로,
실처럼 얇게 만든 종이를
표현했어요.

똑똑 어휘력

편지지(便紙紙)
편지를 쓰는 종이.

도화지(圖畫紙)
그림을 그리는 종이.

지류(紙類)
종이의 여러 가지 종류.

歌

노래 가 — 7급

획순: 一 ㄱ ㅠ 可 可 एण 끔 끔 哥 哥 歌 歌 歌

쑥쑥 표현력

歌(노래 가)는
哥(노래 가)자와 欠(하품 흠)이
합쳐진 회의자로,
입을 벌리고 노래 부르는
모습을 표현했어요.

똑똑 어휘력

가곡(歌曲)
시조를 관현악 반주에 맞추어 부르는 것.

가사(歌詞)
노래의 말.

가요(歌謠)
널리 대중이 즐겨 부르는 노래.

냥냥 사자성어

학교와 관련한 사자성어를 알아봐요.

螢雪之功 형설지공
반딧불과 눈빛 아래에서 공부한 노력.
어려운 환경에서도 공부해서 이뤄낸다는 사자성어예요.

青出於藍 청출어람
쪽풀에서 나온 푸른 물감이 쪽풀보다 더 푸르다.
제자가 스승보다 더 뛰어날 수 있다는 사자성어예요.

愚公移山 우공이산
우직한 사람이 산을 옮긴다.
꾸준히 노력하면 어려운 공부도 할 수 있다는 사자성어예요.

聞一知十 문일지십
하나를 들으면 열을 안다.
아주 똑똑해서 스승이 조금만 가르쳐도 많이 아는 제자를 표현하는 사자성어예요.

晝耕夜讀 주경야독
낮에는 농사짓고, 밤에는 글을 읽는다.
어려운 여건 속에서도 꿋꿋이 공부한다는 사자성어예요.

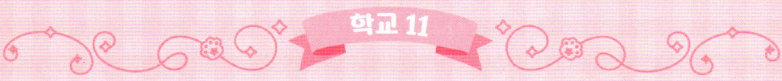

학교 11

6급

書
글 서

획순: ㄱ → ㅋ → ㅋ → ㅋ → 聿 → 書 → 書 → 書 → 書 → 書

쑥쑥 표현력

書(글 서)는
聿(붓 율)과 曰(가로 왈)이
합쳐진 회의자로,
손에 붓을 쥐고 있는 모습을
표현했어요.

똑똑 어휘력

서점(書店)
책을 파는 곳.

서명(署名)
이름을 적는 일.

서기(書記)
단체나 회의에서 문서나 기록 따위를 맡아보는 사람.

학교 12

6급

科

과목 과

획순 一 二 千 千 禾 禾 禾 科 科

쏙쏙 표현력

科(과목 과)는
禾(벼 화)와 斗(말 두)가
합쳐진 회의자로,
바가지로 쌀을 퍼내는
모습을 표현했어요.

똑똑 어휘력

과목(科目)
가르치거나 배워야 할 지식을 나눈 것.

이과(理科)
자연계의 원리나 현상을 연구하는 학문.

과학(科學)
보편적인 진리나 법칙의 발견을 목적으로 한 체계적인 지식.

학교 13

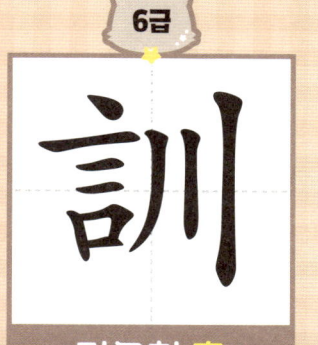

6급

訓
가르칠 훈

획순: 丶 → 亠 → 宀 → 言 → 言 → 言 → 言 → 訓 → 訓 → 訓

쑥쑥 표현력

訓(가르칠 훈)은
言(말씀 언)과 川(내 천)이
합쳐진 형성자로,
말로 가르치며 익히는
모습을 표현했어요.

똑똑 어휘력

훈련(訓練)
반복해서 익히는 것.

교훈(教訓)
가르쳐 주는 말.

가훈(家訓)
집안의 가르침.

학교 14

6급

習

익힐 습

획순 ㄱ → ㄱ → ㅋ → ㅋㄱ → ㅋㅋ → 羽 → 羽 → 㐱 → 習 → 習

쑥쑥 표현력

習(익힐 습)은
羽(깃 우)와 白(흰 백)이
합쳐진 회의자로,
새가 날개짓하는
모습을 표현했어요.

똑똑 어휘력

학습(學習)
배우고 익히는 것.

연습(練習)
반복해서 익히는 것.

복습(復習)
배운 것을 다시 익히는 것.

讀

읽을 독

획순
、→亠→亖→言→言→言→訁→訃→詩→讀→讀→讀→讀→讀
→讀→讀→讀→讀→讀→讀

쏙쏙 표현력

讀(읽을 독)은
言(말씀 언)과 賣(팔 매)가
합쳐진 형성자로,
글을 읽으며 내용을 이해하는
모습을 표현했어요.

똑똑 어휘력

독서(讀書)
책이나 글을 읽는 활동.

음독(音讀)
소리 내어 읽는 일.

독후감(讀後感)
책이나 글 따위를 읽고 난 뒤의
느낌. 또는 그런 느낌을 적은 글.

학교 16

6급

畫

그림 화

획순 ㄱ → ㄱ → ㅋ → ㅋ → ㅋ → 聿 → 聿 → 盡 → 盡 → 畫 → 畫 → 畫

쏙쏙 표현력

畫(그림 화)는
聿(붓 율)과 田(밭 전)이
합쳐진 회의자로,
붓을 쥐고 있는 모습을
표현했어요.

똑똑 어휘력

화가(畫家)
그림을 그리는 사람.

만화(漫畫)
재미있는 그림 이야기.

명화(名畫)
아주 잘 그린 그림. 또는 유명한 그림.

학교 17

6급

級

등급 급

획순 ╱ → ㄠ → ㄠ → 幺 → 幺 → 糸 → 糸 → 糽 → 紉 → 級

쑥쑥 표현력

級(등급 급)은
糸(가는 실 사)과 及(미칠 급)이
합쳐진 회의자로
사람의 다리를 붙잡고 있는
모습을 표현했어요.

똑똑 어휘력

학급(學級)
학교에서 같은 반.

등급(等級)
순서대로 나눈 단계.

급수(級數)
실력에 따라 나눈 등급.

학교 18

6급

聞

들을 문

획순 ｜ →｢ →｢ →｢ →｢'→｢┐→｢┐→門→門→門→閂→聞→聞

쏙쏙 표현력

聞(들을 문)은
門(문 문)과 耳(귀 이)가
합쳐진 회의자로,
문 너머로 귀 기울여 듣는
모습을 표현했어요.

똑똑 어휘력

신문(新聞)
세상 이야기를 글로 전하는 종이.

소문(所聞)
사람들 사이에 떠도는 이야기.

견문(見聞)
보고 들은 지식이나 경험.

학교 19

6급

章

글 장

획순 `、→ 丶→ 立→ 产→ 音→ 音→ 音→ 音→ 章→ 章`

쑥쑥 표현력

章(글 장)은
立(설 립)과 부(아침 조)가
합쳐진 회의자로,
도구로 표식을 새긴 모습을
표현했어요.

똑똑 어휘력

인장(印章)
개인, 단체 따위의 이름을 나무
나 돌에 새겨 문서에 찍도록 만
든 물건.

장문(長文)
길게 쓴 글.

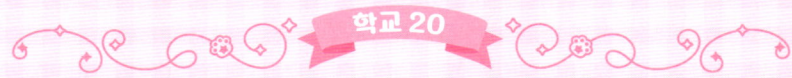

학교 20

6급

말씀 언

획순 `, 亠 宀 宁 言 言 言`

쑥쑥 표현력

言(말씀 언)은 口(입 구)자 위로 나팔 같은 모양을 표현한 회의자로, 입에서 소리가 퍼져나가는 모양을 표현했어요.

똑똑 어휘력

언어(言語)
사람이 생각이나 느낌을 말이나 글로 표현하는 수단.

언약(言約)
말로 약속하는 것.

언론(言論)
개인이 말이나 글로 자기의 생각을 발표하는 일.

야옹야옹 놀이터

위시캣들의 알맞은 발자국을 찾아 보세요.

인체 1

7급

手

손 수

획순 ㇐ ㇏ 三 手

쑥쑥 표현력

手(손 수)는
손가락이 벌어진 손의 모양을
본뜬 상형자예요.

똑똑 어휘력

수건(手巾)
손이나 얼굴을 닦는 천.

수화(手話)
손의 움직임으로 의사를 전달하는 언어.

수술(手術)
병을 고치기 위해 몸을 절개하거나 조작하는 의료 행위.

인체 2

7급

발 족

획순 ㅣ→ㅁ→ㅁ→ㅁ→ㅁ→ㅁ→足→足

쑥쑥 표현력

足(발 족)은
발뒤꿈치와 발가락 모양을
본뜬 상형자예요.

똑똑 어휘력

족적(足跡)
발로 밟고 지나갈 때 남는 흔적.

족구(足球)
발로 하는 공놀이.

만족(滿足)
마음에 차서 더 바랄 게 없는 상태.

인체 3

7급

口

입 구

획순 ㅣ → 冂 → 口

쑥쑥 표현력

口(입 구)는
둥근 입의 모양을 본뜬
상형자예요.

똑똑 어휘력

입구(入口)
들어가는 곳.

구두(口頭)
마주 대하여 입으로 하는 말.

구강(口腔)
입에서 목구멍에 이르는 빈 곳.

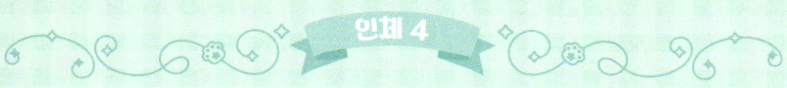

인체 4

6급

눈 목

획순 ㅣ→冂→冃→月→目

쏙쏙 표현력

目(눈 목)은
눈동자와 눈꺼풀이 있는
모양을 본뜬 상형자예요.

똑똑 어휘력

목표(目標)
어떤 목적을 이루려고 하는 대상.

목격(目擊)
눈으로 직접 보는 일.

안목(眼目)
사물을 보고 분별하는 능력.

인체 5

6급

身

몸 신

획순: ´→ʹ→ⁿ→í→í→身→身

쑥쑥 표현력

身(몸 신)은 배가 볼록한 임신한 여자의 모습을 본뜬 상형자예요.

똑똑 어휘력

신체(身體)
사람의 몸.

출신(出身)
출생 당시 가정이 속하여 있던 사회적 신분.

변신(變身)
몸의 모습이나 상태가 바뀌는 것.

인체 6

6급

頭

머리 두

획순 一 ㄷ ㅁ 므 豆 豆 豆 豆 頭 頭 頭 頭 頭 頭 頭

쏙쏙 표현력

頭(머리 두)는
豆(콩 두)와 頁(머리 혈)이
합쳐진 회의자예요.

똑똑 어휘력

두통(頭痛)
머리가 아픈 증상.

두목(頭目)
무리 중에서 제일인 사람.

두피(頭皮)
머리카락이 자라는 피부.

인체 7

병 병

획순: 丶→亠→广→广→疒→疒→疒→病→病→病

쑥쑥 표현력

病(병 병)은
疒(병들 녁)과 丙(남녘 병)이
합쳐진 형성자로,
병든 사람의 모습을
표현했어요.

똑똑 어휘력

병원(病院)
아픈 사람이 가는 곳.

병자(病者)
병에 걸린 사람.

질병(疾病)
여러 가지 병.

인체 8

6급

體

몸 체

획순
丨→冂→冎→冎→冎→咼→骨→骨→骨→骨→骨→骨ˊ→骨ˊ→骨⺀→骨⺀→骨⺀→體→體→體→體→體→體→體→體

쑥쑥 표현력

體(몸 체)는
骨(뼈 골)과 豊(풍성할 풍)이
합쳐진 회의자로,
뼈를 포함한 모든 것으로
이루어진 몸을 표현했어요.

똑똑 어휘력

체육(體育)
신체를 튼튼하게 단련시키는 일.

체력(體力)
몸의 힘.

체조(體操)
몸을 튼튼하게 하기 위해 움직이는 것.

인체 9

4급

耳

귀 이

획순 一 → 丅 → 下 → 耳 → 耳 → 耳

쑥쑥 표현력

耳(귀 이)는
사람의 귀 모양을 본뜬
상형자예요.

똑똑 어휘력

이목구비(耳目口鼻)
귀·눈·입·코를 아울러 이르는 말.

이명(耳鳴)
귀에서 소리가 나는 증상.

인체 10

4급

舌

혀 설

획순: 一 二 千 千 舌 舌

쑥쑥 표현력

舌(혀 설)은
혀 모양을 본뜬
상형자예요.

똑똑 어휘력

구설수(口舌數)
말로 인해 생기는 문제.

설전(舌戰)
말로 다투는 것.

냥냥 사자성어

인체, 감정과 관련한 사자성어를 알아봐요.

手足之愛 수족지애

손발처럼 소중하게 여기는 사랑.
아주 가까운 친구나 가족을 표현하는 사자성어예요.

一擧手一投足 일거수일투족

손을 한 번 들고 발을 한 번 내딛는다는 뜻.
사람의 모든 행동이나 움직임을 자세히 볼 때 쓰는 사자성어예요.

喜怒哀樂 희로애락

기쁨, 화남, 슬픔, 즐거움.
사람의 모든 감정을 표현하는 사자성어예요.

愛之重之 애지중지

아주 귀하게 여기고 아끼는 것.
소중한 물건이나 사람을 아끼는 마음을 표현하는 사자성어예요.

天眞爛漫 천진난만

하늘처럼 맑고 꾸밈없는 마음.
어린이처럼 순수한 모습을 표현하는 사자성어예요.

인체 11

4급

骨

뼈 골

획순: 丨→冂→冋→罒→咼→骨→骨→骨→骨

쑥쑥 표현력

骨(뼈 골)은
月(달 월)과 咼(뼈 발라낼 과)가
합쳐진 회의자예요.

똑똑 어휘력

골절(骨折)
뼈가 부러지는 일.

해골(骸骨)
살이 없는 뼈만 남은 모습.

골격(骨格)
동물의 체형을 이루고 몸을 지탱하는 뼈.

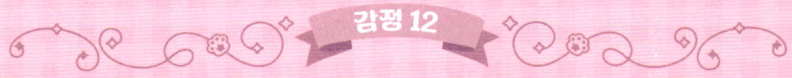

감정 12

7급

氣

기운 기

획순 ノ→ㅗ→ㅌ→气→气→气→氕→氧→氣→氣

쑥쑥 표현력

氣(기운 기)는
气(기운 기)와 米(쌀 미)가
합쳐진 상형자로
수증기가 위로 올라가는
모습을 표현했어요.

똑똑 어휘력

기분(氣分)
마음 상태.

기운(氣運)
어떤 일이 벌어지려고 하는 분위기.

기후(氣候)
기온, 눈, 바람 따위의 대기 상태.

감정 13

목숨 명

획순 ノ → 人 → 人 → 亼 → 合 → 合 → 合 → 命

쑥쑥 표현력

命(목숨 명)은
口(입 구)와 令(하여금 령)이
합쳐진 회의자예요.

똑똑 어휘력

생명(生命)
살아 있는 힘.

운명(運命)
정해진 삶의 길.

명령(命令)
윗사람이 아랫사람에게 무엇을 하게 함.

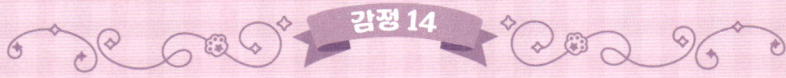

감정 14

7급

安

편안 안

획순: 丶 → 丷 → 宀 → 宊 → 安 → 安

쑥쑥 표현력

安(편안 안)은 宀(집 면)과 女(여자 여)가 합쳐진 회의자로, 여자가 다소곳이 앉아 있는 모습을 표현했어요.

똑똑 어휘력

안전(安全)
다치지 않고 편안한 상태.

편안(便安)
걱정 없이 마음이 놓이는 상태.

안심(安心)
마음이 놓여 편안해지는 것.

감정 15

7급

心

마음 심

획순 ` → 心 → 心 → 心`

쑥쑥 표현력

心(마음 심)은 심장이 뛰는 모양을 본뜬 상형자로, 생각하고 느끼는 마음을 표현했어요.

똑똑 어휘력

심신(心身)
몸과 마음을 이르는 말.

심장(心臟)
피를 몸 전체에 보내는 중요한 기관.

관심(關心)
어떤 일에 마음을 두는 것.

감정 16

6급

愛

사랑 애

획순: ` ` ` ` ` ` ` ` ` ` ` ` ` 愛

쑥쑥 표현력

愛(사랑 애)는
爫(손톱 조), 冖(덮을 멱),
心(마음 심),
夂(천천히 걸을 쇠)가 합쳐진
회의자로 심장을 손으로
감싸 안은 것 같은 모습을
표현했어요.

똑똑 어휘력

애정(愛情)
따뜻한 사랑의 마음.

애완동물(愛玩動物)
사랑하며 기르는 동물.

애국(愛國)
자신의 나라를 사랑하는 마음.

감정 17

6급

樂

즐길 락 / 노래 악

획순 ' ㄠ ㄠ ㅂ 白 白 ㅗ ㅛ 组 纲 缵 缵 缵 樂 樂 樂

쑥쑥 표현력

樂(즐길 락 / 노래 악)은 악기를 본뜬 모양을 표현했어요.

똑똑 어휘력

음악(音樂)
목소리나 악기를 통하여 사상 또는 감정을 나타내는 예술.

오락(娛樂)
쉬는 시간에 여러 가지 방법으로 기분을 즐겁게 하는 일.

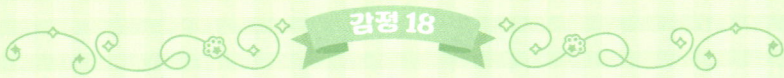

감정 18

6급

感

느낄 **감**

획순) →厂→厂→厂→厅→戌→咸→咸→咸→感→感→感

쑥쑥 표현력

感(느낄 감)은
咸(다 함)과 心(마음 심)이
합쳐진 회의자로,
마음에 느껴지는 감정을
표현했어요.

똑똑 어휘력

감동(感動)
마음이 크게 움직이는 것.

감사(感謝)
고마운 마음을 표현하는 것.

감정 19

4급

喜

기쁠 희

획순 一 十 土 吉 吉 吉 吉 吉 壴 喜 喜 喜

쑥쑥 표현력

喜(기쁠 희)는
壴(악기 이름 주)와 口(입 구)가
합쳐진 회의자로,
기쁜 마음을 표현했어요.

똑똑 어휘력

희망(希望)
바라며 기대하는 마음.

희소식(喜消息)
기쁜 소식.

희열(喜悅)
기쁘고 즐거운 감정.

감정 20

3급

哀

슬플 애

획순 、 一 一 亠 吂 宁 宁 宁 哀

쑥쑥 표현력

哀(슬플 애)는
衣(옷 의)와 口(입 구)가
합쳐진 회의자로,
장례를 치를 때 입는
상복을 표현했어요.

똑똑 어휘력

애도(哀悼)
슬픈 마음으로 누군가를 기리는 일.

비애(悲哀)
깊은 슬픔.

애사(哀史)
개인이나 국가의 불행하거나 슬픈 역사.

야옹야옹 놀이터

보기의 낱말을 아래에서 찾아 동그라미 하세요.

보기
고양이 위시캣 아이냥 야옹야옹

고	양	이	코		러	난	다
냥	똑	쁘	냥	위	캣		삐
라	떼		냥	시	도	아	터
베	브	미	냥	캣		트	
베		냥	똑	쁘	냥	야	이
헬	씨	아	이	냥	우	옹	냥
	비	러	닥		쨍	야	푸
달		알	빠	꾸	샴	옹	빠

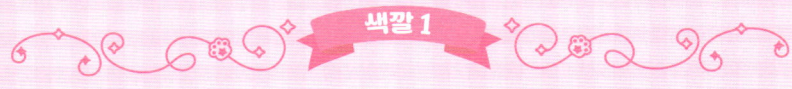

색깔 1

8급

白

흰 백

획순 ノ ィ 白 白 白

쑥쑥 표현력

白(흰 백)은
촛불이 밝게 빛나는 불빛을
본뜬 상형자예요.

똑똑 어휘력

백색(白色)
눈이나 우유의 빛깔과 같이 밝고 선명한 색.

백조(白鳥)
온몸이 순백색인 새.

백지(白紙)
아무것도 적히지 않은 종이.

색깔 2

8급

靑

푸를 청

획순 一 二 キ 主 青 靑 靑 靑

쑥쑥 표현력

靑(푸를 청)은
生(날 생)과 井(우물 정)이
합쳐진 회의자로,
맑고 푸른 빛깔을
표현했어요.

똑똑 어휘력

청춘(靑春)
새싹이 파랗게 돋아나는 봄철
이라는 뜻으로 십대 후반에서
이십 대에 걸치는 젊은 나이.

색깔 3

7급

色

빛 색

획순 ノ→ク→ク→刍→刍→色

쑥쑥 표현력

色(빛 색)은
허리를 굽히고 있는 사람과
巴(꼬리 파)가 합쳐진
회의자예요.

똑똑 어휘력

색지(色紙)
색이 있는 종이.

색연필(色鉛筆)
여러 가지 색깔이 나게 만든 연필.

6급

黃

누를 황

획순 一 → 十 → 卄 → 卄 → 艹 → 芒 → 苎 → 苗 → 黃 → 黃 → 黃 → 黃

쑥쑥 표현력

黃(누를 황)은
황금색의 둥근 장신구를
허리에 두른 모습을 본뜬
상형자예요.

똑똑 어휘력

황색(黃色)
벼의 빛깔과 같이 다소 탁한 색.

황금(黃金)
누런빛의 귀한 금속.

황사(黃砂)
누런 모래.

색깔 5

5급

銀

은 은

획순 ノ 丶 ㅗ ㅌ 乍 乍 乍 金 釒 釒 釕 鈤 鉅 銀

쑥쑥 표현력

銀(은 은)은
金(쇠 금)과 艮(그칠 간)이
합쳐진 형성자예요.
반짝이는 은빛 금속을
표현했어요.

똑똑 어휘력

은색(銀色)
빛나는 회색빛.

은화(銀貨)
은으로 만든 돈.

은반지(銀半指)
은으로 만든 반지.

색깔 6

4급

綠

푸를 록 / 푸를 녹

획순 : ㄠ 幺 幺 牟 糸 糸 紀 紀 紀 絼 綠 綠 綠

쑥쑥 표현력

綠(푸를 록 / 푸를 녹)은
糸(가는 실 사)와 彔(새길 록)이
합쳐진 회의자로,
자연에서 채취한 염료를 짜는
모습을 표현했어요.

똑똑 어휘력

초록색(草綠色)
파랑과 노랑의 중간색.

녹음(綠陰)
푸른 잎이 우거진 나무나 수풀.

색깔 7

검을 흑

획순: 丨 → 冂 → 冂 → 罒 → 罒 → 罓 → 里 → 里 → 黒 → 黒 → 黑

쏙쏙 표현력

黑(검을 흑)은 아궁이 모양을 본뜬 상형자예요.

똑똑 어휘력

흑색(黑色)
어두운 색.

흑백(黑白)
검정과 흰색.

흑연(黑鉛)
연필심에 쓰이는 재료.

색깔 8

赤

붉을 적

획순: 一 → 十 → 十 → 亣 → 亦 → 赤 → 赤

쑥쑥 표현력

赤(붉을 적)은
大(큰 대)와 火(불 화)가
합쳐진 회의자로,
불타는 듯한 붉은 빛을
표현했어요.

똑똑 어휘력

적색(赤色)
불이나 피 같은 색.

적신호(赤信號)
교통 신호의 하나. 정지를 표시.

적혈구(赤血球)
피 속에 있는 붉은 세포.

색깔 9

4급

紅

붉을 홍

획순 ` ㄥ 幺 牟 糸 糸 糸-紅 紅

쑥쑥 표현력

紅(붉을 홍)은
糸(가는 실 사)과 工(장인 공)이
합쳐진 회의자로,
붉은색으로 염색한 실을
표현했어요.

똑똑 어휘력

분홍색(粉紅色)
흰색이 섞인 붉은빛.

홍시(紅柿)
물렁하게 잘 익은 감.

색깔 10

3급

자줏빛 자

획순 丨 → 丅 → 卝 → 屮 → 屰 → 此 → 峇 → 紫 → 紫 → 紫 → 紫

쑥쑥 표현력

紫(자줏빛 자)는
此(이 차)와 糸(가는 실 사)가
합쳐진 형성자로,
자줏빛으로 물들인 실을
표현했어요.

똑똑 어휘력

자색(紫色)
보랏빛을 띠는 색.

자외선(紫外線)
햇빛 속 우리 눈에 보이지 않는 빛.

냥냥 사자성어

색깔, 행동과 관련한 사자성어를 알아봐요.

白 衣 民 族 백의민족
흰옷을 즐겨 입는 민족.
우리나라 사람들을 표현하는 사자성어예요.

同 價 紅 裳 동가홍상
같은 값이면 다홍치마.
같은 값이면 좋은 물건을 가진다는 사자성어예요.

作 心 三 日 작심삼일
마음먹은 것이 사흘밖에 못 간다.
쉽게 포기하는 행동을 표현하는 사자성어예요.

東 奔 西 走 동분서주
동쪽으로 뛰고 서쪽으로 달린다.
바쁘게 여기저기 뛰어다니는 모습을 표현한 사자성어예요.

悠 悠 自 適 유유자적
여유 있고 한가롭게 지내요.
조급하지 않고 천천히 행동하는 삶을 표현하는 사자성어예요.

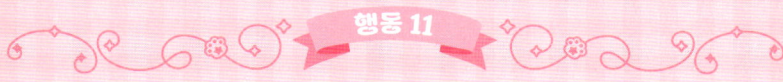

행동 11

7급

出

날 출

획순 ｜→ ㅏ → 屮 → 出 → 出

쑥쑥 표현력

出(날 출)은
사람의 발이 문을
벗어나는 모습을 본뜬
상형자예요.

똑똑 어휘력

출입문(出入門)
드나드는 문.

출발(出發)
밖으로 떠나는 것.

출석(出席)
자리에 나와 있는 것.

행동 12

7급

들 입

획순 ノ → 入

쑥쑥 표현력

入(들 입)은 무언가가 안으로 들어가는 모양을 본뜬 지사자예요.

똑똑 어휘력

가입(加入)
조직이나 단체 따위에 들어가는 일.

입학(入學)
학교에 들어가는 일.

수입(收入)
들어오는 돈이나 물건.

행동 13

動
7급
움직일 동

획순: 一 二 亍 斤 盲 盲 盲 重 重 動 動

쑥쑥 표현력

動(움직일 동)은 重(무거울 중)과 力(힘 력)이 합쳐진 회의자로 보따리를 메고 있는 사람을 표현했어요.

똑똑 어휘력

운동(運動)
몸을 움직이는 활동.

자동차(自動車)
동력으로 바퀴를 굴려 움직이는 차.

동작(動作)
몸이 움직이는 모양.

행동 14

7급

立

설 립

획순 `丶 → 亠 → 产 → 立 → 立`

쑥쑥 표현력

立(설 립)은
사람이 똑바로 서 있는
모습을 본뜬 상형자예요.

똑똑 어휘력

자립(自立)
스스로 서는 것.

기립(起立)
일어나서 섬.

중립(中立)
한쪽 편을 들지 않고 가운데에 있음.

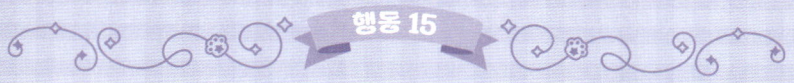

행동 15

7급

住

살 주

획순 ノ→イ→イ→仁→仹→住→住

쑥쑥 표현력

住(살 주)는
人(사람 인)과 主(주인 주)가
합쳐진 회의자로
사람이 있는 집에
촛불이 켜진 모습을
표현했어요.

똑똑 어휘력

주민(住民)
일정 지역에 사는 사람들.

주소(住所)
사는 집의 위치.

주택(住宅)
사람이 사는 건물.

행동 16

오를 등

획순: ㇒→㇕→㇒→ㇳ→癶→癶→癶→登→登→登→登→登

쑥쑥 표현력

登(오를 등)은
癶(등질 발)과 豆(콩 두)가
합쳐진 회의자로,
제기를 들고 제단을 올라가는
모습을 표현했어요.

똑똑 어휘력

등록(登錄)
명단에 올리는 일.

등장(登場)
무대나 이야기 속에 나타나는 것.

등교(登校)
학교에 가는 일.

행동 17

6급

行

다닐 행

획순 ' ㅗ ㅕ 彳 彳 行

쑥쑥 표현력

行(다닐 행)은
네 방향으로 갈라진
길의 모습을 본뜬
상형자예요.

똑똑 어휘력

행동(行動)
몸을 움직여 무엇을 하는 것.

여행(旅行)
다른 곳으로 떠나는 일.

은행(銀行)
돈이 오가는 곳.

作

지을 작

획순: ノ → イ → 亻 → 仁 → 仵 → 作 → 作

쑥쑥 표현력

作(지을 작)은
人(사람 인)과 乍(잠깐 사)가
결합한 회의자로
옷깃에 바느질 하는 모습을
표현했어요.

똑똑 어휘력

작품(作品)
만든 물건이나 글.

작성(作成)
서류나 글을 만드는 일.

작가(作家)
글이나 그림을 만드는 사람.

행동 19

5급

用

쓸 용

획순 ﾉ→刀→月→月→用

쑥쑥 표현력

用(쓸 용)은
나무통의 모습을 본뜬
상형자예요.

똑똑 어휘력

사용(使用)
어떤 것을 쓰는 것.

용품(用品)
어떤 일이나 목적과 관련하여
쓰이는 물품.

유용(有用)
쓸모가 있다는 뜻.

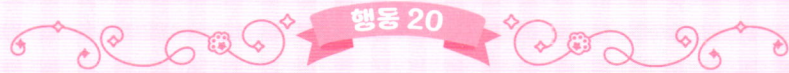

행동 20

6급

戰

싸움 전

획순

쑥쑥 표현력

戰(싸움 전)은
單(홑 단)과 戈(창 과)가
합쳐진 회의자로
새총 모양의 사냥 도구를
표현했어요.

똑똑 어휘력

전쟁(戰爭)
나라끼리 싸우는 일.

전투(戰鬪)
두 편의 군대가 조직적으로 무장하여 싸움.

도전(挑戰)
어떤 일에 맞서서 해보는 것.

야옹야옹 놀이터

빈 곳에 들어갈 알맞은 퍼즐 조각을 찾아 동그라미 하세요.

정답

★31쪽★

★55쪽★

★79쪽★

★103쪽★

★127쪽★

★151쪽★
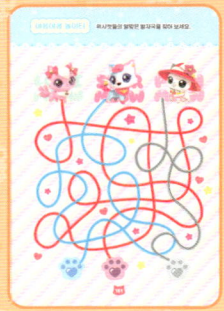

★175쪽★

★199쪽★